ЧИТАЕМ ТЕКСТЫ
ПО СПЕЦИАЛЬНОСТ

Выпуск 2

А.С. ШАТИЛОВ

ГУМАНИТАРНЫЕ НАУКИ

Учебное пособие по языку специальности

Санкт-Петербург
«Златоуст»

2011

УДК 811.161.1

Шатилов, А.С.
Гуманитарные науки : учебное пособие по языку специальности. — СПб. : Златоуст, 2011. — 56 с. — (Читаем тексты по специальности ; вып. 2).

Shatilov, A.S.
The Humanities : a manual of professional language. — St. Petersburg : Zlatoust, 2011. — 56 p. — (Reading texts of specialty ; issue 2).

Зав. редакцией: *А.В. Голубева*
Редактор: *О.С. Капполь*
Корректор: *И.В. Евстратова*
Оригинал-макет: *Л.О. Пащук*
Обложка: *С.В. Соколов*

Основу пособия составляют неадаптированные и частично адаптированные тексты по психологии, социологии, истории, географии, культурологии и другим специальностям. Пособие предназначено для выработки навыков анализа научных текстов, совершенствования владения языком специальности в устной и письменной форме. Для иностранных учащихся гуманитарных специальностей, имеющих подготовку на уровне ТРКИ-1.

© Шатилов А.С. (текст), 2011
© ЗАО «Златоуст» (редакционно-издательское оформление, издание, лицензионные права), 2011

ISBN 978-5-86547-567-5

Подготовка оригинал-макета: издательство «Златоуст».
Подписано в печать 10.01.11. Формат 84x108/16. Печ.л. 3,5. Печать офсетная. Тираж 1000 экз. Заказ № 24942.
Код продукции: ОК 005-93-953005.
Санитарно-эпидемиологическое заключение на продукцию издательства Государственной СЭС РФ
№ 78.01.07.953.П.011312.06.10 от 30.06.2010 г.
Издательство «Златоуст»: 197101, Санкт-Петербург, Каменноостровский пр., д. 24, оф. 24.
Тел.: (+7-812) 346-06-68, факс: (+7-812) 703-11-79, e-mail: sales@zlat.spb.ru, http://www.zlat.spb.ru
Отпечатано по технологии CtP в ОАО «Печатный двор» им. А.М. Горького.
197110, Санкт-Петербург, Чкаловский пр., 15.

Введение

Данное учебное пособие предназначено для иностранных учащихся гуманитарных специальностей, получивших подготовку в рамках ТРКИ-1. Предполагается, что учащиеся должны приобрести навыки анализа научных текстов, на более высоком уровне освоить язык специальности в устной и письменной форме. Основу пособия составляют 10 неадаптированных и частично адаптированных текстов по психологии, социологии, истории, географии, культурологии, праву, политологии и др., взятых из учебников, учебных пособий, научных работ, лекций по данным специальностям.

Прежде чем начать работу с пособием, учащиеся выполняют входной тест, позволяющий определить степень их готовности к данному роду деятельности. Собственно работа над текстом состоит из трех этапов. На первом этапе учащиеся читают текст, отмечают незнакомые слова и выражения, а также неизвестные им грамматические явления. На втором этапе в аудитории учащиеся обсуждают те задания, выполнение которых вызвало сложности, и совершенствуют лексические и грамматические навыки: выполняют различные упражнения на подбор синонимов, установление возможных вариантов значений, определение словообразовательных возможностей единиц текста, лексическую и грамматическую трансформацию и т. п. На третьем этапе учащиеся корректируют или составляют план текста, готовят письменный или устный реферат по содержанию текста, обсуждают между собой проблемы, затронутые в тексте. По окончании работы они должны пройти итоговый тест, который позволяет определить уровень усвоения материала.

В результате подобной работы учащиеся получат представление об особенностях построения и функционирования научных текстов в различных областях знаний, научатся не только адекватно воспринимать оригинальные тексты, но и самостоятельно их создавать. Пособие может быть использовано как для самостоятельной работы, так и для работы с преподавателем.

Тексты пособия прошли апробацию в группах иностранных стажёров из Германии, Италии, Нидерландов, Норвегии, Польши, США, Финляндии, Франции, Чехии, Швейцарии, Эстонии, Японии.

Входной тест

Задание. **Выберите подходящую по смыслу форму слова.**

Наука *отличает/отличается* от мудрости тем, что применяет принцип моделирования. Принцип моделирования состоит в том, что, во-первых, *строит/строится* условная мысленная абстракция о природе вещей определённого рода, во-вторых, *исходит/исходя* из этой модели, *производит/производится* описание этого рода объекта и решаются абстрактные задачи о внутренней структуре изучаемого объекта, в-третьих, там, где это возможно, модель *проверяет/проверяется* в эксперименте. Первоначальную модель принято иногда называть мысленным экспериментом. <...>

Различают три типа знания: гуманитарное, естественное и математическое. Гуманитарные науки *делит/делятся* на историю, географию и обществоведение (по-старому — статистику). Эти науки *различает/различаются* своими принципами.

История имеет целью истолкование причин общественных процессов, *исходит/исходя* из развития общественных отношений, и их прогноз.

Статистика (обществоведение) имеет целью анализ общественных отношений в том виде, как они *представленный/представлены* сейчас, и их прогноз.

География *рассматривается/рассматривает* место обитания людей, их общественные отношения в современном состоянии и в их истории. <...>

В отличие от гуманитарных наук, в естественных науках в области замысла и доказывания *принято/принят* эксперимент. Эксперимент представляет собой искусственное выделение части природы, создание строго определённых условий воздействия на *выделяющуюся/выделенную* часть, наблюдение результатов воздействия и заключение о том, что аналогичные части природы будут вести себя так же, как и часть, *подвергающая/подвергшаяся* испытанию. Основатель философии эксперимента Фрэнсис Бэкон называл это «пыткой природы». Замысел эксперимента и его результаты должны быть *согласовано/согласованы* и соответствовать принципам моделирования, *принимающим/принятым* в данной науке. В противном случае сам эксперимент и его результаты будут *отвергнутый/отвергнуты* научной критикой.

По материалам: Ю.В. Рождественский. Введение в культуроведение. 2-е изд., испр. М., 2000. С. 107–110.

Всего правильных форм — 16 (100 %), ваш результат — _____

Текст 1

МОСКВА МЕЖДУ ГАНОЙ И АЛЖИРОМ

Задание 1. **Прочитайте текст. Отметьте в тексте незнакомые грамматические явления, а также неизвестные слова и выражения. Проанализируйте отмеченные формы вместе с преподавателем.**

Вчера в Женеве был обнародован доклад «О глобальной конкурентоспособности 2004–2005», подготовленный организацией под названием «Всемирный экономический форум», которая проводит форумы в Давосе. Опрос 8700 промышленников из 104 стран показал, что самая конкурентоспособная страна мира — Финляндия, далее идут США, Швеция, Тайвань, Дания и Норвегия. Россия занимает 70-е место — чуть ниже Ганы, чуть выше Алжира.

Участники опроса оценивали страны по большому количеству показателей, которые, по мнению экспертов Всемирного экономического форума, влияют на конкурентоспособность: макроэкономической стабильности, качеству общественных институтов, технологическому уровню. Сразу бросается в глаза, что среди лидеров очень много стран Северной Европы. «Северные страны характеризуются блестящим управлением макроэкономикой: у всех них бюджетный профицит, очень низкий уровень коррупции, их фирмы действуют в условиях безусловного уважения к контрактам и власти закона, частный сектор находится на передовых рубежах технологических инноваций», — указал Аугусто Лопес-Кларос, главный экономист и директор программы глобальной конкуренции Всемирного экономического форума.

Финляндия стала самой конкурентоспособной страной в третий раз за последние четыре года благодаря очень высокому качеству общественных институтов и передовым технологиям. В США технологии ещё более передовые, но эта страна отстала от Финляндии по качеству общественных институтов и особенно по макроэкономической стабильности (действительно, в американском случае речь не идёт о бюджетном профиците — напротив, наблюдается совершенно грандиозный бюджетный дефицит). Среди европейских стран обращает на себя внимание прогресс не только североевропейских стран, но и, скажем, Великобритании, которая двинулась вверх по сравнению с прошлым годом на четыре места и достигла 11-го, приблизившись к первой десятке. Эстония заняла 20-е место (став самой конкурентоспособной из десяти стран, недавно присоединившихся к Евросоюзу). Среди отстающих оказалась Италия, занявшая всего 47-е место и продолжившая своё ежегодное движение вниз (в 2001 году она была 26-й). Объясняются такие плохие результаты низким качеством итальянских общественных институтов (недостаточная независимость суда, фаворитизм в принятии решений в госсекторе).

Среди азиатских стран отличилась Япония, впервые вошедшая в первую десятку благодаря улучшению макроэкономической ситуации и повышению прозрачности госсектора. Китай остался примерно на том же уровне, на котором и находился, заняв 46-е место (в прошлом году было 44-е). Участники опроса отметили, что эта страна хоть и отличается макроэкономической стабильностью и высокими темпами роста производства, зато страдает от слабых общественных институтов (особенно от несовершенной банковской системы), а также от бюрократии и волокиты.

Россия продемонстрировала удивительную стабильность, оставшись ровно на том 70-м месте, на котором была и в прошлом году. Отрыв от лидеров очень значительный: если у Финляндии совокупный индекс конкурентоспособности составляет 5,95, у США — 5,82, то у России он всего 3,72. Участники опроса сочли, что в России всё плохо: и общественные институты, и технологический уровень. Не помогли даже относительная макроэкономическая стабильность и бюджетный профицит. Непосредственно перед Россией идут Индонезия и Гана, непосредственно за ней — Алжир и Доминиканская Республика. Вряд ли кто-нибудь усмотрит особые конкурентные достоинства у Ганы или Алжира; следовательно, пока Россия в рейтинге конкурентоспособности по-прежнему находится в числе безнадёжно неконкурентоспособных.

Минаев С. Коммерсант. 2004. 14 окт. № 192. С. 14.

Задание 2. **Объясните значение следующих слов и словосочетаний. Подберите к ним синонимы.**

обнародовать _____   достичь _____
опрос _____   оказаться _____
оценивать _____   отличаться _____
власть закона _____   страдать _____
общественные институты _____   демонстрировать _____
отставать _____   усмотреть _____
двинуться _____   достоинства _____

Задание 3. **Продолжите ряд слов.**

Подготовить — доклад, проект, _____
Проводить — занятие, политику, _____
Оценивать — положение, результаты, _____
Влиять — на политику, на человека, _____
Занять — место, положение, _____
Страдать — от болезни, от голода, _____

Задание 4. **Выберите подходящий по смыслу глагол.**

1. Жюри конкурса красоты *отмечало/сообщало/оценивало* участниц по нескольким параметрам.
2. Общественные институты *мешают/влияют/действуют* на экономику страны.
3. Главный экономист и директор программы глобальной конкуренции Всемирного экономического форума *показал/посмотрел/указал*, что в странах Северной Европы частный сектор находится на передовых рубежах технологических инноваций.
4. Финляндия *стала/находилась/была* самой конкурентоспособной страной в третий раз за последние четыре года.
5. Великобритания *зашла/двинулась/заняла* вверх по сравнению с прошлым годом на четыре места и достигла 11-го.

6. Россия *сделала/продемонстрировала/нашла* удивительную стабильность, оставшись ровно на том 70-м месте, на котором была и в прошлом году.

7. Участники опроса *решили/подумали/поняли*, что в России всё плохо: и общественные институты, и технологический уровень.

Задание 5. **Трансформируйте сложные предложения в простые. Помните, что форма слова *который* зависит от глагола в придаточном предложении.**

Модель: Россия осталась на том же 70-м месте, на котором она была в прошлом году. — Россия осталась на 70-м месте. На том же месте она была и в прошлом году.

1. Вчера в Женеве был обнародован доклад «О глобальной конкурентоспособности 2004–2005», который подготовила организация под названием «Всемирный экономический форум».

2. Участники опроса оценивали страны по большому количеству показателей, которые влияют на конкурентоспособность.

3. Среди европейских стран обращает на себя внимание прогресс Великобритании, которая двинулась вверх по сравнению с прошлым годом на четыре места.

Задание 6. **Ответьте на вопросы. Запишите ваши ответы.**

1. Почему текст так называется?
2. Какая организация проводит форумы в Давосе?
3. Назовите страны, которые занимают первые пять мест в результатах опроса.
4. Какие факторы, по мнению участников опроса, влияют на конкурентоспособность?
5. Чем характеризуется экономика стран Северной Европы?
6. Благодаря чему Финляндия стала лидером?
7. В чём причина отставания Италии?
8. В чём состоит особенность экономики Китая?
9. Вы согласны, что в России слабые общественные институты и низкий технологический уровень?

ОБРАТИТЕ ВНИМАНИЕ!

1. *Мы получили такие результаты благодаря (чему?) огромному труду и терпению* = Мы получили такие результаты **благодаря тому, что много и упорно трудились**.

2. *Многие люди страдают от (чего?) голода* = Многие люди страдают **от того, что им не хватает еды**.

3. *Это положение объясняется (чем?) низким качеством общественных институтов* = Это положение объясняется **тем, что общественные институты слабы**.

Задание 7. **Закончите предложения.**

1. Результаты опроса показали, что _____
2. Экономика этой страны отличается _____
3. Такой результат мы получили благодаря _____
4. Особенность этого эксперимента заключается в том, что _____

5. Многие народы в мире страдают от того, что _____
6. В России политика всегда влияет на _____

Задание 8. **Скажите, сколько частей можно выделить в тексте. Объясните своё решение.**

Задание 9. **Выберите из текста несколько показателей, которые влияют на конкурентоспособность и оцените по ним экономику своей страны.**

Задание 10. **Составьте краткий конспект текста. Используйте данные ниже выражения.**

ОБРАТИТЕ ВНИМАНИЕ! _____

Нежелательно использовать при пересказе текста глагол *объяснять*.
_____

1. **Общая характеристика**: текст посвящён теме (вопросу, проблеме), текст представляет собой изложение (описание, анализ), текст носит название (под названием), в тексте излагается (обобщается, даётся описание, оценка, анализ).
2. **Проблема**: автор ставит (затрагивает, касается, рассматривает), суть проблемы сводится к (заключается в).
3. **Композиция**: текст делится (состоит из, включает в себя).
4. **Иллюстрация позиции автора**: автор приводит пример (ссылается на, иллюстрирует), в тексте даются примеры.

Текст 2

ОТ РУСИ ДО РОССИИ

Задание 1. **Прочитайте текст. Отметьте в тексте незнакомые грамматические явления, а также неизвестные слова и выражения. Проанализируйте отмеченные формы вместе с преподавателем.**

В прошлом веке, в эпоху бурного развития теории эволюции, как до, так и после Дарвина, считалось, что отдельные расы и этносы образуются вследствие борьбы за существование. Сегодня эта теория мало кого устраивает, так как множество фактов говорит в пользу иной концепции — теории мутагенеза. В соответствии с ней каждый новый вид возникает как следствие мутации — внезапного изменения генофонда живых существ, наступающего под действием внешних условий в определённом месте и в определённое время. Конечно, наличие мутаций не отменяет внутривидового процесса эволюции: если появившиеся признаки повышают жизнеспособность вида, они воспроизводятся и закрепляются в потомстве на достаточно долгое время. Если это не так — носители их вымирают через несколько поколений.

Теория мутагенеза хорошо согласовывается с известными фактами этнической истории. Вспомним уже упоминавшийся пример миграций I–II вв. н. э. Мощное движение новых этносов имело место сравнительно недолго и только в узкой полосе от южной Швеции до Абиссинии. Но ведь именно это движение погубило Рим и изменило этническую карту всего европейского Средиземноморья.

Следовательно, начало этногенеза мы также можем гипотетически связать с механизмом мутации, в результате которой возникает этнический «толчок», ведущий затем к образованию новых этносов. Процесс этногенеза связан с вполне определённым генетическим признаком. Здесь мы вводим в употребление новый параметр этнической истории — пассионарность. Пассионарность — это признак, возникающий вследствие мутации (пассионарного толчка) и образующий внутри популяции некоторое количество людей, обладающих повышенной тягой к действию. Мы назовём таких людей пассионариями. <...>

Пассионарии стремятся изменить окружающее и способны на это. Это они организуют далёкие походы, из которых возвращаются немногие. Это они борются за покорение народов, окружающих их собственный этнос, или, наоборот, сражаются против захватчиков. Для такой деятельности требуется повышенная способность к напряжениям, а любые усилия живого организма связаны с затратами некоего вида энергии. Такой вид энергии был открыт и описан нашим великим соотечественником В.И. Вернадским и назван им биохимической энергией живого вещества биосферы.

Гумилёв Л.Н. От Руси до России. М., 2001. С. 13–14.

Задание 2. **Объясните значение следующих слов. Подберите синонимы к ним.**

эволюция _____   потомство _____
концепция _____   этногенез _____
мутация _____   биосфера _____
генофонд _____

Задание 3. **Закончите предложения.**

В прошлом веке считалось, что _____
Сегодня мало кого устраивает _____
Эта теория хорошо согласовывается с _____
Мощное движение этносов имело место _____
Такие люди называются _____
Для научной деятельности требуются _____

ОБРАТИТЕ ВНИМАНИЕ! _____

1. прочитать — прочитал — прочитанный — **прочитан (-а, -о, -ы)**
   сделать — сделал — сделанный — **сделан (-а, -о, -ы)**
   назвать — назвал — **назван (-а, -о, -ы)**
2. изучить — изучил — изученный — **изучен (-а, -о, -ы)**
   встретить — встретил — встреченный — **встречен (-о, -а, -ы)**
   принести — принёс — принесённый — **принесён (принесена, принесено, принесены)**
   купить — купил — купленный — **куплен (-а, -о, -ы)**
3. открыть — открыл — открытый — **открыт (-а, -о, -ы)**
   забыть — забыл — забытый — **забыт**

Задание 4. **Образуйте словосочетания по модели.**

Модель: сделать — доклад *сделан*

1. написать — статья _____
   показать — фильм _____
   создать — книга _____
   основать — университет _____
   рассказать — анекдот _____

2. изучить — вопрос _____
   получить — результат _____
   проверить — решение _____
   решить — проблема _____
   купить — мебель _____
   приготовить — обед _____

3. открыть — офис _____
   закрыть — фирма _____
   забыть — имя _____
   принять — закон _____
   надеть — форма _____
   убить — люди _____

Задание 5. **Выберите подходящий по смыслу глагол.**

1. В прошлом веке *наблюдалось/решалось/считалось*, что отдельные расы и этносы образуются вследствие борьбы за существование.
2. В соответствии с теорией мутации каждый новый вид *возникает/существует/становится* как следствие мутации.
3. Теория мутагенеза хорошо *объясняется/согласовывается/объединяется* с известными фактами этнической истории.
4. Процесс этногенеза *описан/назван/связан* с вполне определённым генетическим признаком.
5. Для такой деятельности *нуждается/требуется/полагается* повышенная способность к напряжениям.
6. Биохимическая энергия была *открыта/сделана/получена* Вернадским.

ОБРАТИТЕ ВНИМАНИЕ!

При замене безличной формы на неопределённо-личную предложение сохраняет свою структуру: *В прошлом веке считалось… — В прошлом веке считали…*

При трансформации пассивной конструкции в активную падежная форма субъекта изменяется: *Открытие было сделано **учёными** (творительный падеж). — **Учёные** (именительный падеж) сделали открытие.*

В активной форме возможно изменение порядка слов: *Эту книгу написал знаменитый писатель. — Знаменитый писатель написал эту книгу.*

В пассивной форме порядок слов, как правило, не меняется: *Книга написана знаменитым писателем.*

Задание 6. **Трансформируйте пассивные конструкции в активные.**

Модель: Эта работа сделана моим коллегой. —
Эту работу сделал мой коллега.

1. Книга написана известным учёным.
2. Фотография сделана учеником.
3. Опыт проведён исследователем.
4. Открытие сделано молодым учёным.
5. Решение проверено профессором.
6. Закон принят парламентом.
7. Университет основан Ломоносовым.
8. Доклад подготовлен преподавателем.
9. Конференция организована университетом.
10. Статья опубликована аспирантом.

Задание 7. Трансформируйте активные конструкции в пассивные.

Модель: Эту работу сделал мой коллега. —
        Эта работа сделана моим коллегой.

1. Это открытие совершил неизвестный учёный.
2. Опыты проводили молодые экспериментаторы.
3. Планету назвали именем известного писателя.
4. Учебник написали для студентов из Германии.
5. Доклад подготовили по материалам исследований.
6. Выставку организовали студенты университета.
7. Закон приняли депутаты парламента.
8. Новый фильм показали на фестивале.

Задание 8. **Выпишите из текста выражения времени и составьте с ними предложения.**

Модель: В прошлом веке. — В прошлом веке изобрели компьютер.

Задание 9. **Ответьте на вопросы. Запишите ваши ответы.**

1. Что такое мутация?
2. С чем согласовывается теория мутагенеза?
3. Что изменило этническую карту европейского Средиземноморья?
4. С чем можно связать начало этногенеза?
5. Как Гумилёв назвал людей, обладающих повышенной тягой к действию?
6. Какой новый вид энергии был открыт и описан Вернадским?

Задание 10. **Проследите за развитием мысли в первом абзаце. Объясните, каким образом отдельные его части соединяются друг с другом. Найдите аналогичные средства связи в других частях текста.**

Задание 11. **Прочитайте вариант плана текста. На его основе составьте краткий устный пересказ текста.**

- Борьба за существование — основа формирования этносов.
- Теория мутагенеза — иная концепция возникновения этносов.
- Подтверждение этой теории фактами этнической истории.
- Пассионарность — новый параметр истории этносов.
- Биохимическая энергия и её первооткрыватель В.И. Вернадский.

Задание 12. **На основе данного текста подготовьте сообщение «Современные теории формирования этносов».**

Текст 3

СУЩНОСТЬ И СТРУКТУРА ОБЩЕСТВЕННОГО МНЕНИЯ

Задание 1. **Прочитайте текст. Отметьте в тексте незнакомые грамматические явления, а также неизвестные слова и выражения. Проанализируйте отмеченные формы вместе с преподавателем.**

Уже краткий экскурс в историю трактовки природы и роли общественного мнения показывает, каким богатым разнообразием сущностных сторон отличается данный феномен общественной жизни. С этим, безусловно, связано и наличие большого количества дефиниций и концепций общественного мнения, присущее не только западным научным школам, но и отечественному обществознанию. Сопоставление и синтез различных точек зрения дают основание подойти к следующему пониманию его природы, в котором ключевыми элементами выступают понятия «объекта» и «субъекта» общественного мнения.

Объекты общественного мнения по степени сложности разделяются на объекты-факты, объекты-события, объекты-явления (процессы).

Наиболее простой объект реакции общественного мнения — тот или иной факт действительности. Но, несмотря на, казалось бы, внешнюю простоту «с точки зрения своей коммуникативной функции, т. е. как средство хранения и передачи определённой информации, он включается в систему взаимодействия людей и может выполнять роль стимула социальной активности, её ограничителя и т. п.»[1].

Событие — более сложный объект общественной оценки. Оно отличается значительной информативностью, набором определённых сведений (фактов), составляющих его содержательную сторону.

Самым сложным объектом общественного мнения следует признать явление и процесс. Для полного и глубокого отражения в общественном мнении они требуют от людей остроты внимания, диалектического мышления, определённого объёма знаний. Полиструктура, сложность, противоречивость, а порой и отсутствие чётких границ содержания явления и процесса — причины того, что нередко они неадекватно отражаются общественным мнением, которое охватывает не всё многообразие данного явления или процесса, а лишь отдельные их стороны и элементы.

Кроме того, среди объектов общественного мнения принято различать факты, события, явления, процессы объективной действительности, общественного бытия (экономические процессы, условия материальной жизни, деятельности людей и пр.) и субъективной действительности, общественного сознания (политические представления, социально-психологические процессы, различные системы ценностей и пр.). В целях конкретизации и фиксирования диапазона реакций общественного мнения все факты, события и явления первой группы могут быть классифицированы по определённым областям практической деятельности людей, а второй — по сферам духовной жизни общества, проявлениям общественного сознания.

---

[1] *Ракитов А.И.* Историческое познание. М., 1982. С. 211.

Вместе с тем далеко не все факты, события, явления (процессы) порождают общественное мнение. Оно весьма избирательно в своём отношении к окружающему миру. То, что может вызвать реакцию одного человека и даже целого коллектива, совсем не обязательно заденет за живое широкие слои населения.

Главным критерием появления объектов общественного мнения выступают общественные интересы людей. Лишь те факты, события, явления, которые затрагивают интересы всех или большинства членов общества, вызывают поначалу индивидуальные, групповые, коллективные оценочные суждения, а в дальнейшем — потребность в обмене этими мнениями и в выработке совместного, общего общественного мнения.

Горшков М.К. Российское общество в условиях трансформации: мифы и реальность (социологический анализ). 1992–2002. М., 2003. С. 19–20.

Задание 2. Объясните значение следующих слов и словосочетаний. Подберите к ним синонимы.

трактовка _____
феномен _____
общественное мнение _____
дефиниция _____
взаимодействие _____

сущностный _____
охватывать _____
ценности _____
духовный _____
задеть за живое _____

Задание 3. Составьте словосочетания по модели.

Модель: феномен — феномен общественной жизни

трактовка _____
концепция _____
синтез _____
понимание _____
граница _____
процесс _____
реакция _____
интересы _____

Задание 4. Обратите внимание на образование слов. Приведите свои примеры.

сущность — сущностный — существо — существовать

Задание 5. Выберите подходящий по смыслу глагол.

1. Сопоставление и синтез различных точек зрения *формируют/предполагают/дают* основание подойти к пониманию природы явления.

2. Событие *отличается/соединяется/отмечается* значительной информативностью, набором определённых сведений (фактов).

3. Процессы и явления нередко неадекватно *создаются/отражаются/описываются* общественным мнением.

4. Главным критерием появления объектов общественного мнения *характеризуют/выступают/формируют* общественные интересы людей.

5. То, что может *вызвать реакцию/реагировать/порождать* одного человека и даже целого коллектива, совсем не обязательно заденет за живое широкие слои населения.

6. События и явления первой группы могут быть *созданы/решены/классифицированы* по определённым областям практической деятельности людей.

ОБРАТИТЕ ВНИМАНИЕ!

В научной речи часто встречаются типичные, стереотипные конструкции, например:

Что отличается чем? — *Феномен отличается разнообразием. Событие отличается информативностью.*

Что выступает чем? — *Субъект выступает ключевым понятием. Общественные интересы людей выступают главным критерием.*

Что разделяется на что? — *Предмет разделяется на две части.*

Что порождает что? — *Не все факты, события, явления порождают общественное мнение.*

Что вызывает что? — *События вызывают реакцию.*

Что является чем? — *Общественные интересы являются главным критерием.*

Задание 6. **Ответьте на вопросы. Запишите ваши ответы.**

1. С чем связано большое количество концепций общественного мнения?
2. По каким критериям разделяются объекты общественного мнения?
3. Почему процессы и явления нередко неадекватно отражаются общественным мнением?
4. Какие группы объектов общественного мнения принято различать?
5. Какие события, явления, процессы вызывают потребность в обмене мнениями?

Задание 7. **Проследите, как связаны между собой предложения в первой части текста.**

Уже краткий экскурс в историю трактовки природы и роли общественного мнения показывает, каким богатым разнообразием сущностных сторон отличается **данный феномен** общественной жизни. **С этим**, безусловно, связано и наличие большого количество дефиниций и концепций общественного мнения, присущее не только западным научным школам, но и отечественному обществознанию. Сопоставление и синтез различных точек зрения даёт основание подойти **к следующему пониманию** его природы, в котором ключевыми элементами выступают понятия «объекта» и «субъекта» общественного мнения.

Задание 8. **Найдите похожие средства связи в других частях текста.**

ОБРАТИТЕ ВНИМАНИЕ!

Слова типа *этот, данный, такой, подобный, аналогичный* и т. п., как правило, относятся не к конкретному слову, а ко всей ситуации, которая была описана ранее.

Слова типа *следующий, последующий* и т. п. относятся к ситуации, которая ещё не была описана.

***Задание 9.* Расположите пункты плана в нужном порядке.**

А. Разделение объектов общественного мнения по степени сложности.

Б. Общественные интересы людей как главный критерий появления объектов общественного мнения.

В. Сопоставление и синтез различных точек зрения — основание для понимания природы общественного мнения.

Г. Явление и процесс как самый сложный объект общественного мнения.

Д. Классификация объектов общественного мнения.

***Задание 10.* Составьте свой план текста. На основании этого плана подготовьте устный реферат.**

***Задание 11.* Выберите тему для обсуждения.**

1. Роль общественного мнения в современном обществе.
2. Способы формирования общественного мнения.
3. Влияние отдельного человека на появление общественного мнения.
4. Существует ли, по-вашему, общественное мнение в России, где и кто его выражает?
5. Можно ли управлять общественным мнением?

Текст 4

ПЁТР I И ПЕТЕРБУРГСКАЯ КУЛЬТУРА

ЧАСТЬ 1

Задание 1. Прочитайте текст. Отметьте в тексте незнакомые грамматические явления, а также неизвестные слова и выражения. Проанализируйте отмеченные формы вместе с преподавателем.

<...> Ясно одно — сам Заячий остров был действительно необитаемым заболоченным местом, на котором, вероятно, никто никогда и не заложил бы будущей имперской столицы, если бы не воля одного человека — царя Петра.

Что двигало им? Что привело к столь странному выбору, позднее осуждаемому бесчисленными критиками? (Они вполне убедительно доказывали, что по причинам географическим, климатическим, стратегическим, коммерческим и, наконец, национальным в устье реки Невы было не место не только столице России, но и вообще сколько-нибудь крупному городу.)

Ответ, вероятно, коренится столько же в психологии царя Петра, сколько в объективной политической и экономической ситуации России начала XVIII века.

Родившийся в 1672 году 14-м ребёнком царя Алексея из династии Романовых, Пётр, став после смерти своего слабоумного брата Ивана единоличным монархом в 1696 году (а фактически получив власть в 1689 году), унаследовал огромную отсталую средневековую страну. Она нуждалась в *коренной* перестройке, а следовательно, в максимальном расширении контактов и торговли с Западом. Россия была готова к правлению царя-реформиста. Она только не ожидала, что этим новым царём окажется человек с характером и привычками Петра. <...>

Пётр был соткан из противоречий и парадоксов. Он мог быть весёлым, ласковым и милостивым. Но он также был страшен в гневе, часто непредсказуем и беспощадно жесток, лично пытая своих политических врагов. Ему пришлось бороться за власть и за жизнь. Варварские сцены, вроде восстания стрельцов в Москве в 1682 году (когда они на глазах юноши Петра растерзали и вздели на пики многих его родственников), наложили мрачный отпечаток на его характер. Вероятно, с этого времени Пётр приобрёл нервный тик, который так пугал впоследствии его собеседников.

Но доминирующим качеством Петра была его уверенность в собственной правоте и непогрешимости, ощущение себя — всегда и везде — абсолютным сувереном своих бесправных подданных. Любое его желание должно было исполняться мгновенно — неважно, какой ценой.

Задание 2. **Объясните значение следующих слов. Подберите к ним синонимы.**

заложить_____
необитаемый _____
бесчисленный _____
крупный _____
корениться _____
унаследовать _____
отсталый_____

привычки _____
милостивый _____
беспощадный _____
мрачный _____
непогрешимый _____
бесправный _____

Задание 3. **Продолжите ряд слов.**

заложить — город, _____
доказывать — теорию, _____
унаследовать — дом, _____
нуждаться — в деньгах, _____
бороться — за власть, _____

Задание 4. **Выпишите из текста в таблицу слова, которые характеризуют личность Петра.**

Положительная оценка	Отрицательная оценка

Задание 5. **Обратите внимание на образование слов. Приведите свои примеры.**

Модель: корень — коренной — укоренить — укорениться;
ткань — ткач — ткать — соткать

выбор _____
перестройка _____
расширение _____
отпечаток _____

Задание 6. **Выберите подходящий по смыслу глагол.**

1. Бесчисленные критики убедительно *описывали/доказывали/думали*, что в устье Невы невозможно построить город.

2. Ответ нужно *предполагать/найти/искать* в объективной политической и экономической ситуации России начала XVIII века.

3. Страна *нуждалась/требовалась/находилась* в коренной перестройке, а следовательно, в максимальном расширении контактов и торговли с Западом.

4. На Олимпийских играх спортсмены *воюют/стремятся/борются* за победу.

5. Люди с нетерпением *хотели/мечтали/ожидали* открытия нового моста через Волгу.

ОБРАТИТЕ ВНИМАНИЕ!

Формы *став, получив, пытая* являются деепричастиями, образуются от глаголов, но не имеют форм лица, числа и рода. Они обозначают дополнительное действие, которое связано с основным, и всегда относятся к субъекту основного действия.

Деепричастия несовершенного вида образуются:

1) от основы настоящего времени: *играть — игра-ют — игра-я; слышать — слыш-ат — слыш-а; видеть — вид-ят — вид-я*;

2) от основы инфинитива на *-ва*: *давать — дава-я; создавать — создава-я; рассказывать — рассказыва-я; расставаться — расстава-я-сь*.

Деепричастия совершенного вида образуются:

1) от основы инфинитива: *написа-ть — написа-в; построи-ть — построи-в; укорени-ть-ся — укорени-вш-и-сь; верну-ть-ся — верну-вш-и-сь; принес-ти — принес-ш-и* (вариант — *принеся*);

2) от основы настоящего-будущего времени: *привез-ти — привез-ут — привез-я; зай-ти — зайд-ут — зайд-я*.

Формы на *-а, -я* являются вариантами форм на *-в, -вши(-сь)*.

Задание 7. **Образуйте деепричастия несовершенного вида от следующих глаголов.**

делать _____   решать _____
читать _____   исследовать _____
слушать _____   рассматривать _____
рассказывать _____   анализировать _____
доказывать _____   принимать _____
основываться _____   публиковать _____
проводить _____   защищать _____
получать _____   зайти _____

Задание 8. **Образуйте инфинитив от следующих деепричастий совершенного вида.**

позвонив _____   убедившись _____
рассмотрев _____   придя _____
доказав _____   оценив _____
укоренившись _____   повлияв _____
получив _____   пострадав _____
проанализировав _____   вернувшись _____
полюбив _____   насмотревшись _____

Задание 9. Составьте предложения со следующими словами: **вероятно, наверное, может быть, действительно.** Помните, что эти слова выражают разную степень вероятности (возможности) события или явления.

Задание 10. **Слушайте, пишите предложения.**

1. Заячий остров — необитаемое заболоченное место.
2. Выбор Петра был позднее осуждаем многочисленными критиками.
3. Ответ, вероятно, следует искать столько же в психологии царя Петра, сколько в объективной ситуации в России начала XVIII века.
4. Страна нуждалась в коренной перестройке, в максимальном расширении контактов и торговли с Западом.
5. Пётр мог быть весёлым, ласковым и милостивым, но он также был страшен в гневе, часто непредсказуем и беспощадно жесток.
6. Пётр был уверен в собственной правоте и непогрешимости.

Задание 11. **Ответьте на вопросы. Запишите ваши ответы.**

1. В какой экономической и политической ситуации Пётр получил власть?

2. Какими противоречивыми чертами обладал Пётр?

3. В чём заключалась главная черта характера Петра?

ПЁТР I И ПЕТЕРБУРГСКАЯ КУЛЬТУРА

ЧАСТЬ 2

Задание 12. **Прочитайте текст. Отметьте в тексте незнакомые грамматические явления, а также неизвестные слова и выражения. Проанализируйте отмеченные формы вместе с преподавателем.**

Пётр — вопреки мнению многих позднейших историков — любил Россию, её талантливый народ, её могучий и красочный язык, русские обряды и еду, особенно щи. Но он ненавидел русскую грязь, лень, воровство, бородатых и толстых русских бояр в тяжёлых одеждах. И он ненавидел древнюю русскую столицу Москву, в которой когда-то чуть не погиб и в которой ему постоянно виделись заговоры, подлинные и мнимые. <...>

Пётр вёл себя вызывающе, размашисто, демонстративно. Эта демонстративность преобладает во всех его действиях. Более того, для Петра смена формы была не менее важна, чем смена содержания. По-видимому, он был убеждён, что первое часто определяет второе. Это убеждение Петра стало составной частью всей будущей петербургской культуры.

Пётр насильно постриг бороды боярам, заставив их плясать западные танцы на учреждённых им по парижскому образцу «ассамблеях». Он переодел (и, конечно, перевооружил) армию на западный манер, дал ей новый флаг и ордена, изменил старый русский алфавит и шрифт и за три года до основания Петербурга, в 1700 году, привёл русский календарь в соответствие с европейским. Всё это было призвано подчеркнуть приход в Россию в буквальном смысле «Нового Века».

Но с наибольшей силой самодержавное своеволие Петра, его русский максимализм и его любовь к демонстративному, символическому жесту проявились в самом своевольном, драматическом и символическом действии царя — основании Петербурга. Обросшая задним числом множеством толкований и обоснований, идея построить новый город именно тогда, так и там, где он был построен, была на самом деле решением несметно богатого, отчаянного — и до тех пор удачливого! — карточного игрока пойти ва-банк на удивление России и цивилизованному миру.

Но сама идея созревала, разумеется, постепенно. Первый толчок к революционной для России концепции города был получен юным Петром, видимо, ещё в Москве, где он пропадал в Иностранной слободе, в которой жили немецкие, шотландские и французские ремесленники, купцы и наёмники на русской службе.

Окончательный имидж идеального города, который не имел бы ничего общего с грязной, сонной и опасной Москвой, где его враги прячутся по кривым улочкам, сложился у Петра во время путешествий по Европе, в особенности по Голландии. Сначала ему виделось что-то вроде Амстердама: чистый, аккуратный, сравнительно небольшой, легко просматривающийся город на воде, с зелёными деревьями, отражающимися в городских каналах. Но затем идеи Петра стали более грандиозными. Его город будет парить как подлинный орёл: он будет и крепостью, и портом, и гигантской судоверфью, и реальной, а не игрушечной моделью для России (и витриной для Запада).

Волков С. История культуры Санкт-Петербурга с основания до наших дней. М., 2001. С. 32–34.

Задание 13. **Объясните значение следующих выражений. Подберите синонимы.**

идти ва-банк _____
несметные богатства _____
удачливый игрок _____
сонный город _____
обрасти толкованиями _____
игрушечная модель _____
парить как орёл _____

Задание 14. **Продолжите ряд.**

талантливый — народ, _____
демонстративный — жест, _____
символический — подарок, _____
отчаянный — человек, _____
богатый — дом, _____
революционный — гимн, _____
идеальный — город, _____
аккуратный — ребёнок, _____
подлинный — талант, _____

Задание 15. **Найдите в тексте глаголы с приставкой *пере-*, образуйте с её помощью другие глаголы.**

Задание 16. **Обратите внимание на образование слов. Приведите свои примеры.**

демонстративный — демонстративно — демонстрация — демонстрировать;
символичный — символично — символ — символизировать

Задание 17. **Закончите предложения.**

1. Пётр I любил ..., но он ненавидел ... .
2. Пётр вёл себя ... .
3. По-видимому, он был уверен, что ... .
4. Окончательный образ идеального города сложился у Петра ... .
5. Город будет и ... , и ... , и ... .

Задание 18. **В следующем предложении найдите субъект и предикат. Проследите, как расширяется предложение за счет дополнительных элементов.**

Обросшая задним числом множеством толкований и обоснований, идея построить новый город именно тогда, так и там, где он был построен, была на самом деле решением несметно богатого, отчаянного — и до тех пор удачливого! — карточного игрока пойти **ва-банк**, на удивление России и цивилизованному миру.

Задание 19. **Приведите факты из текста, которые подтверждают или опровергают данные ниже утверждения.**

1. Население России с восторгом приняло решение Петра основать новую столицу.
2. Россия не была готова к коренной перестройке политики и экономики.
3. Пётр обладал противоречивым характером.
4. Пётр не любил русские обычаи и традиции.
5. Петербург не похож ни на один европейский город.

Задание 20. **Подготовьте эссе на тему «Моё отношение к личности Петра I». Используйте выражения типа** *на мой взгляд, по моему мнению, я считаю, мне кажется, я уверен(а), я полагаю, с моей точки зрения, я согласен (согласна), мне думается.*

Текст 5

ПРОИСХОДЯЩИЕ В МИРЕ ГЛАВНЫЕ ПРОЦЕССЫ

Задание 1. **Слушайте первую часть лекции[1]. Запишите, какие главные процессы называет лектор.**

Россия должна учитывать происходящие в мире главные процессы. Главные процессы... их три, я бы назвал три процесса. Первый — это конец биполярного мира, биполярного двух... когда два центра — Россия, Советский Союз и Соединённые Штаты, — а все были более-менее союзники, и превращение мира в что-то другое... В что другое — надо спорить, что там другое. Второе — это второй процесс, это глобализация, глобализация. Самый серьёзный процесс, который сейчас происходит в мире, — это глобализация, т. е. рост взаимозависимости всех стран мира. И третий процесс — это перемещение центра мощи... мощности в Азиатско-Тихоокеанский регион, Asia-Pacific region. Перемещение — это важнейший процесс, который повлияет на всю картину мира в XXI веке.

Вот первый процесс. Первый процесс, значит, э-э-э... Советский Союз перестал существовать из-за того, что... э-э-э... внутри напр... росла напряжённость. Россия, Советский Союз отстал от научно-технического прогресса, пропустил научно-техническую революцию из-за разных причин, в том числе и из-за излишней идеологической направленности, такая коммунистическая идеология была, вот такая. Вот, значит, и из-за такого стремления всех учить, весь мир учить, как кому жить. Мессианство такое... мессианство, коммунистическое мессианство. Это не... не... не оправдало себя, не оправдалось, и, значит, мы постепенно... нарастала напряжённость внутри страны, пришёл Ельцин, выгнал Горбачёва, закрыли Советский Союз, открыли что-то среднее там — Содружество независимых государств. И сейчас... сейчас Россия оказалась в другом положении: значительно меньше по населению, несколько меньше по территории. Ну, территорию, территория — это ладно. Россия... Советский Союз был... занимал одну шестую часть земного шара, одну шестую, а теперь он занимает... Россия занимает одну седьмую. Разница небольшая, разница небольшая. Вот, ну, ушли какие-то крупные Казахстан, Украина, вот, ну, значит, экономическая мощь, конечно, уменьшилась, в России, вот, но, значит, и вопрос стоит такой... С Западом у нас отношения вроде нормальные, с Америкой, с Соединёнными Штатами Америки, с Европой. Но в НАТО, в North Atlantic Treaty Organization, нас никто не приглашает, мы и сами не хотим. В Европейский Союз, экономическую... крупнейшую экономическую организацию Европейский Союз, тоже нас не приглашают. Мы тоже не очень-то хотим, потому что Россия слишком велика, она огромная страна, она эту лодку НАТО или Европейского Союза может перевернуть, если Россия влезет в эту лодку. Она слишком велика, страна-то, она не подходит вот под эти там Бельгии или там Голландии, такие маленькие страны, поэтому... поэтому мы как бы остаемся в Европе и в Азии. И вот сейчас нам надо, России, определиться: вот в этой новой ситуации двух центров — Советский Союз и Америка, это уже рассыпалось немножко, значит, нам определиться: мы кто, мы Азия или мы Европа?

---
[1] Текст читает преподаватель.

24

Задание 2. **Определите значение следующих слов. Подберите к ним синонимы.**

учитывать _____   нарастать _____
биполярный _____   перевернуть _____
превращение _____   рассыпаться _____

Задание 3. Обратите внимание на образование слов. Приведите свои примеры.

рост — расти — нарастать — растение — растительность

ОБРАТИТЕ ВНИМАНИЕ! _____

Существительные типа *перемещение, влияние, решение, отставание, стремление* образуются от глаголов, обозначают одновременно и действие, и состояние.

Существительные типа *напряжённость, взаимозависимость, мощность* образуются от прилагательных или причастий и обозначают качество или признак.
_____

Задание 4. **Образуйте, где это возможно, глаголы от следующих существительных.**

превращение _____   открытие _____
перемещение _____   влияние _____
глобализация _____   отставание _____
уменьшение _____

Задание 5. **Составьте словосочетания по модели.**

Модель: решение — решение задачи;
         влияние — влияние на политику

перемещение _____
воспитание _____
увеличение _____
посещение _____
понимание _____
исполнение _____
предложение _____
изучение _____
соединение _____
появление _____
объединение _____
повторение _____
существование _____

25

Задание 6. **Образуйте существительные от следующих прилагательных.**

Модель: новый — новость;
мощный — мощность

старый _____	независимый _____
точный _____	громкий _____
бедный _____	ясный _____
привлекательный _____	содержательный _____
убедительный _____	молодой _____
смелый _____	юный _____
правдивый _____	мудрый _____
ценный _____	

Задание 7. **Закончите предложения.**

1. Главные процессы _____
2. Второй процесс — это _____
3. И третий процесс — это перемещение центра мощи _____
_____
4. Советский Союз отстал от научно-технического прогресса, в том числе и _____
_____
5. Советский Союз занимал одну шестую часть земного шара, а теперь Россия занимает _____

Задание 8. **Прослушайте текст ещё раз. Отметьте, какие из следующих высказываний прозвучали в тексте.**

А. Главная особенность современного этапа — наличие биполярного мира.

Б. Глобализация — это важнейший процесс, который повлияет на всю картину мира в XXI веке.

В. В результате отставания от научно-технического прогресса в стране увеличилась напряжённость, что привело к распаду Советского Союза.

Г. Экономическая мощь России увеличилась после выхода из её состава Украины и Казахстана.

Д. Россия хотела бы войти в состав НАТО.

Е. И вот сейчас нам надо определиться, вот в этой новой ситуации двух центров — Советский Союз и Америка: мы кто, мы Азия или мы Европа?

Задание 9. **Слушайте вторую часть лекции. Скажите, фамилии каких известных писателей называет лектор.**

Этот спор в России идёт сотни лет, сотни лет. Ещё поэты наши — Блок и другие там — спорили, мы скифы или не скифы. Вот, значит, писал Блок, что скифы мы с жёлтыми глазами. Вот, значит... и вот нам надо определиться. Некоторые говорят: мы — чистая Европа, мы — чистая Европа, у нас 150 миллионов населения сейчас в России, из них 120 живёт в Европе за Уралом, вот. Мы белые по цвету, у нас Достоевский там, у нас Чехов, Пушкин, все белые, но Пушкин — нет. «Как-как? — эфиопы. — Он же из Эфиопии. Как, — они спрашивают, — а у вас тоже русские Пушкина знают?» Ну, вот, значит, дальше торговля. 50 % — это у нас торговля с Европой. Вот, значит, ну и так далее. А другие говорят: «Подождите, пардон, у нас две трети страны — это Азия». Почти половина Азии там наверху — это... это... м-м-м... российская территория, вот. У нас там больше 20 миллионов мусульман. Это... это татары, башкиры там, и так далее. У нас буддисты есть. У нас... у нас большая часть территории и богатств наших в Азии, не в Европе. 25 % мировых богатств природных ресурсов — это Россия, это Сибирь, это Дальний Восток. Там 30 % газа, 12 % нефти, 40 % чистой воды... воды... Байкал... это всё... это всё у нас... у нас в Азии. У нас... у нас в Европе... наши границы там чуть-чуть с Финляндией, чуть-чуть с Польшей, а здесь шесть тысяч километров — наши границы. Как мы можем забыть, что мы... что мы Азия? Вот, и вот эти споры, они всё время идут. Ну, Ельцин, он уже, конечно, был больной в конце, он мало, мало ездил, но вот Путин понимает это, молодой президент Путин, которому недавно исполнилось 50 лет, вот, значит, он уже... он... он уже был... он был везде: он был в Китае, он был в Индии, опять сейчас в Индию едет, он был... он был в Брунее, он был в Северной Корее, в Южной Корее, он был в Японии. Он понимает, что надо Россию держать как государство евразийское... е́вра-зи́йское. Вот, значит, и европейское, и азиатское, потому что это надо, ну, у нас некоторые представляют — евразийское или азиопское, переставляя слова, но это не имеет значения. Вот, что мы и там, и там. Мы не можем, мы — единственная страна в мире, которая занимает половину Европы и одну треть Азии. Ну, что делать, что делать. Значит, надо приспосабливаться. Вот, значит, и вот эти разговоры, что мы однозначно это, знаете, вот когда был Ельцин и министр иностранных дел Козырев, они вот взяли одну однозначную ориентацию на союз с Соединёнными Штатами. Соединённые Штаты Америки. Соединённые Штаты Америки — главная держава. Правильно, главная держава, они нам помогут, мы будем союзники, но ничего не получилось... не получилось, потому что никто нам сильно не помог, долги нам не простили, 140 миллиардов долларов мы до сих пор должны от Советского Союза, от Советского Союза, Россия не так много должна была, но не простили... не прощали эти долги. Значит, э-э-э... на... на... на североатлантический пакт НАТО вопреки наших прось... вопреки нашим просьбам расширяют и уже окружили всю Россию, уже балтийские страны, Польша, Чехословакия, Венгрия уже окружили... Россия окружена военными организациями Запада, то есть ничего не получилось у Ельцина и у Козырева, что вот он союз, и так далее.

Из лекции доктора исторических наук, профессора, первого проректора Дипломатической Академии МИД РФ Ю.Б. Кашлева в Университете китайской культуры, Тайвань, 18.11.2002 г.

Задание 10. **Прочитайте следующие варианты текста. Определите, какой из них относится к устной речи, а какой — к письменной, найдите отличия.**

Некоторые говорят: мы — чистая Европа, мы — чистая Европа, у нас 150 миллионов населения сейчас в России, из них 120 живёт в Европе за Уралом, вот. Мы белые по цвету, у нас Достоевский, там, у нас Чехов, Пушкин, все белые, но Пушкин — нет. «Как-как? — эфиопы. — Он же из Эфиопии. Как, — они спрашивают, — а у вас тоже русские Пушкина знают?» Ну, вот, значит, дальше торговля. 50 % — это у нас торговля с Европой. Вот, значит, ну и так далее.	Некоторые говорят, что мы относимся к Европе, потому что из 150 миллионов населения России 120 миллионов живёт в Европе, у нас светлый цвет кожи, у нас европейские писатели: Достоевский, Пушкин, Чехов. 50 % торговли приходится на Европу и так далее.

Задание 11. **Выпишите в таблицу аргументы, которые приводит лектор, когда описывает положение России.**

Россия — это Европа	Россия — это Азия

Задание 12. **Закончите предложения.**

1. У нас 150 миллионов населения сейчас в России, из них _____
2. У нас бо́льшая часть территории и богатств наших _____
3. 25 % мировых богатств природных ресурсов — это _____
4. Когда был Ельцин и министр иностранных дел Козырев, они вот взяли одну однозначную ориентацию на _____
5. Северо-атлантический пакт НАТО вопреки нашим просьбам _____

Задание 13. **Ответьте на вопросы. Запишите ваши ответы.**

1. Какой спор идёт в России уже сотни лет?
2. С какими государствами в Европе граничит Россия?
3. Какие страны посетил президент Путин?
4. Что не получилось у Ельцина и Козырева?
5. Какую опасность со стороны НАТО видит лектор?

Задание 14. **Скажите, какую сторону в споре вы бы заняли, аргументируйте ваш выбор.**

Задание 15. **Составьте план всей лекции. Согласно этому плану составьте письменный вариант текста.**

Текст 6

ПСИХИЧЕСКИЕ ЯВЛЕНИЯ И ЖИЗНЕННЫЕ ПРОЦЕССЫ

Задание 1. **Прочитайте текст. Отметьте в тексте незнакомые грамматические явления, а также неизвестные слова и выражения. Проанализируйте отмеченные формы вместе с преподавателем.**

Сегодня мы начинаем, товарищи, курс по психологии. Это обширный курс, который продолжится 5 семестров.

Все вы хорошо представляете себе, о чём идёт речь, когда мы говорим о психических явлениях и процессах. Мы называем психическими такие явления, как ощущение, восприятие, процессы памяти, запоминания или припоминания, процессы мышления, воображения, эмоциональные переживания удовольствия и неудовольствия и другие чувства. Наконец, мы часто говорим об индивидуально-психологических особенностях личности человека (например, слабовольный человек, общительный или человек сильной воли), мы учитываем эти особенности.

Конечно, научное знание не ограничивается и не может ограничиваться описанием тех или иных явлений. Например, мы наблюдаем такое великолепное явление, как радуга. Можно радоваться, созерцая эту красоту, но от того, что мы наблюдаем множество раз одно и то же, наши научные знания не увеличиваются. Научное знание заключается в том, чтобы проникнуть в самую природу тех или иных явлений и процессов, в порождающие их причины, управляющие ими законы, то есть, как обычно говорят, в их сущность.

Не иначе обстоит дело и с психологией. Задачи её заключаются именно в том, чтобы исследовать, познать природу, сущность тех явлений, которые описываются как явления психические или психологические. И вот здесь психология как наука встречается с очень серьёзными затруднениями с точки зрения того, как подойти к решению задачи познания сущности тех явлений и процессов, которые называются психическими.

Этот вопрос далеко не прост. Пожалуй, он сложнее, чем аналогичный вопрос, который, естественно, возникает и в других науках о живой природе, и знаменательно, что Альберт Эйнштейн, говоря о психологии, воскликнул: насколько же психология как наука сложнее, труднее, чем физика!

Действительно, на протяжении веков сущность психических явлений, которые, казалось, были схвачены, очерчены в первом приближении, и предмет психологии как науки оказались какими-то малоуловимыми. Как, например, синий цвет, который при близком рассмотрении теряет свою синеву и оказывается серым, неопределённым.

И всё же мы имеем очень серьёзный прогресс в понимании сущности психических явлений. Для того чтобы проникнуть в эту сущность, понадобилось исходить из каких-то первоначальных общих научных представлений. Чтобы иметь конкретное исследование природы и законов психических явлений, нужно было отправляться от общих теоретических положений, представлений и, могу даже сказать, философского понимания того, что же такое эти явления по своей сути. Современная научная психология исходит из того, что психические явления, процессы представляют собой не что иное, как особое отражение того, что существует в мире, что существует в действительности независимо от самого факта отражения.

Обычно мы коротко выражаем это положение так: *психические явления есть отражение независимо существующего в действительности, в реальности*. Это общее теоретическое положение, которое бесспорно потому, что оно свидетельствует обо всём опыте жизни отдельного человека и особенно об опыте всего человечества.

Леонтьев А.Н. Лекции по общей психологии. М. 2000.
http:\\rupsy.net/14-leontev-an-lekcii-po-obshhej-psixologii.html

Задание 2. **Объясните значение следующих слов. Подберите к ним синонимы.**

ограничиваться _____ представление _____
созерцать _____ положение _____
проникать _____ исходить _____
затруднение _____ отражение _____
возникать _____ бесспорно _____
малоуловимый _____

ОБРАТИТЕ ВНИМАНИЕ!

Слова *психологический* и *психический* отличаются по значению.

Психологический — тот, который относится к психологии как к науке (*психологический портрет, эксперимент, журнал*).

Психический — тот, который относится к психике как к совокупности внутренних процессов и явлений (*психическая болезнь, психическое явление*).

Задание 3. **Продолжите ряд слов.**

Модель: эмоциональный — разговор, человек

великолепный _____
первоначальный _____
серьёзный _____
конкретный _____
сложный _____
теоретический _____
психологический _____
отдельный _____

Задание 4. **Выберите подходящий по смыслу глагол.**

1. Все вы хорошо *объясняете / представляете себе / видите*, о чём идёт речь, когда мы говорим о психических явлениях и процессах.

2. Конечно, научное знание *не ограничивается / не состоит / не указывает* описанием тех или иных явлений.

3. Научное знание заключается в том, чтобы *понять/найти/проникнуть* в самую природу тех или иных явлений и процессов.

4. И вот здесь психология как наука *соединяется/встречается/образуется* с очень серьёзными затруднениями с точки зрения того, как подойти к решению задачи познания сущности тех явлений и процессов, которые называются психическими.

5. Современная научная психология *включает/заключает/исходит* из того, что психические явления, процессы представляют собой не что иное, как особое отражение того, что существует в действительности независимо от самого факта отражения.

Задание 5. **Закончите предложения.**

1. Это общее теоретическое положение свидетельствует о том, что _____
_____
2. Психическими называются такие явления, как _____
_____
3. Научный эксперимент представляет собой _____
_____
4. Исследователь исходил из того, что _____
_____
5. Чтобы проникнуть в суть явления, необходимо _____
_____
6. Учёные встретились с серьёзными затруднениями, когда _____
_____
7. Мы хорошо представляем себе, как _____
_____
8. Опыты продемонстрировали, что _____
_____

Задание 6. **Найдите в следующем фрагменте текста определение понятия *психические явления*. Обратите внимание на способ его построения. Дайте подобные определения на материале вашей специальности.**

И всё же мы имеем очень серьёзный прогресс в понимании сущности психических явлений. Для того чтобы проникнуть в эту сущность, понадобилось исходить из каких-то первоначальных общих научных представлений. Чтобы иметь конкретное исследование природы и законов психических явлений, нужно было отправляться от общих теоретических положений, представлений и, могу даже сказать, философского понимания того, что же такое эти явления по своей сути. Современная научная психология исходит из того, что психические явления, процессы представляют собой не что иное, как особое отражение того, что существует в мире, что существует в действительности независимо от самого факта отражения.

Задание 7. **Ответьте на вопросы. Запишите ваши ответы.**

1. Какие явления мы называем психическими?
2. Чем не может ограничиваться научное знание?
3. В чём заключается научное знание?
4. С какими трудностями сталкивается психология?

5. Что нужно сделать, чтобы проникнуть в сущность психических явлений?
6. Из чего исходит современная научная психология?

Задание 8. Составьте план текста. На его основе подготовьте письменный реферат.

ОБРАТИТЕ ВНИМАНИЕ!

Для развёрнутого описания текста с элементами анализа и оценки используются следующие способы выражения:

1. **Характеристика авторского изложения информации:** автор раскрывает, характеризует (противоречия, недостатки, суть), разбирает, формулирует, выдвигает (высказывает) гипотезу (предположение), отмечает, останавливается, выделяет, уделяет особое внимание, подчёркивает. Автор сравнивает, сопоставляет, ссылается, возражает, спорит, соглашается, полемизирует, опирается на, приводит доказательство (пример).

2. **Обобщение авторской информации:** сущность проблемы сводится к, основная задача автора заключается (состоит), важно отметить, необходимо подчеркнуть, следует остановиться.

3. **Оценка информации:** основная (главная) ценность работы состоит в, достоинством работы следует (стоит) считать, работа имеет большое (важное, серьёзное) теоретическое (практическое) значение.

Текст 7

РАЗВИТИЕ ПРАВА В РОССИИ

Задание 1. **Прочитайте текст. Отметьте в тексте незнакомые грамматические явления, а также неизвестные слова и выражения. Проанализируйте отмеченные формы вместе с преподавателем.**

Отечественное право представляет собой оригинальное явление в мировой юриспруденции. Развиваясь от древнего права к феодальному и далее к советскому праву, оно приобретало всё большее своеобразие.

С момента своего возникновения Российское государство всегда имело огромную территорию, на которой проживало множество народов с разной культурой, верованиями, психологией, уровнем исторического развития, что предопределило длительное сосуществование несхожих правовых порядков. Однако при всём разнообразии деталей можно выделить по крайней мере три наиболее характерные черты отечественного права, которые прослеживаются на протяжении всей его истории.

Во-первых, неразвитость у населения юридических традиций, часто переходящая в откровенный правовой нигилизм, в отрицание самой необходимости и ценности права. Из века в век проявляется в России неуважение к закону и суду, терпимость к произволу и насилию.

Вторая черта — это подчинение права идеологии. Недостаточность присутствия права в реальной жизни должна была дополняться действием других нормативных регуляторов, среди которых первое место издавна занимает религия. Государственная власть в России внедряла и поддерживала с помощью юридических средств господствующую идеологию, которая, в свою очередь, активно влияла на право. Девять веков преобладания православия и семьдесят лет диктата марксистско-ленинского мировоззрения прочно закрепили такую традицию отечественной юриспруденции, как идеологизация правовых норм.

И наконец, третья черта — евразийский характер отечественной правовой культуры. Географическое положение Российского государства и смешение разноплемённых культур разных народов способствовали слиянию в ней воедино европейских и азиатских начал. Свойственные цивилизации Запада юридические формы неразрывно соединялись в России с присущими Востоку коллективизмом, соборностью, общиной. Всё это сделало российскую культуру вообще и её правовую культуру в частности чрезмерно восприимчивыми к иноземным влияниям, которые не чужеродны ей независимо от того, исходят ли они с Запада или с Востока. Вместе с тем смешанная природа российской правовой системы всегда приводила к её внутренней напряжённости, потенциальной опасности конфликта между её разнородными элементами.

Русское право возникло на почве восточнославянских, а отчасти — финно-угорских и скандинавских (норманнских) юридических обычаев в конце 1-го тысячелетия нашей эры. При возникновении и в первые века своего существования оно обладало всеми основными признаками древнего права. Однако внешние влияния, общение с более развитыми государствами — прежде всего с Византией — ускорили переход Руси к средневековому типу права, что произошло в XI—XII веках. Отдельные элементы прежнего правового уклада ещё долго сохранялись в общественной жизни. Слишком медленная замена институтов и норм древнего права на более современные объясняется социально-экономическим отставанием средневековой Руси от европейских стран, а также той политикой изоляционизма, которую православная страна проводила по отношению к католической и протестантской Европе. Только в Московском государстве XVII века действие этих факторов ослабевает и правовая система достигает относительной однородности и высокой степени совершенства.

История права императорской России (XVIII в. — 1917 г.) ознаменовалась многообразием юридических явлений и изданием достаточно противоречивых актов. Но их объединяло одно новшество, являющееся основой всей правовой системы. Это — представление, что государственная власть есть решающая сила в правотворчестве, то есть идея главенствующей роли государства над правом.

История государства и права России. М., 1996.

Задание 2. **Объясните значение следующих слов. Подберите к ним синонимы.**

своеобразие _____	иноземный _____
верования _____	разнородный _____
сосуществование _____	обладать _____
терпимость _____	уклад _____
внедрять _____	ослабеть _____
закрепить _____	новшество _____
смешение _____	правотворчество _____

Задание 3. **Найдите в тексте существительные с суффиксом -*ость*, образованные от прилагательных.**

Модель: неразвитость — неразвитый

Задание 4. **Обратите внимание на образование слов. Приведите свои примеры.**

идеология — идеологический — идеологизация — идеологизировать

Задание 5. **Объясните разницу в значении слов *многообразный, разнообразный, однообразный, своеобразный*.**

Задание 6. **Образуйте глаголы от следующих существительных.**

Модель: сосуществование — сосуществовать

отрицание _____	преобладание _____
возникновение _____	смешение _____
неуважение _____	слияние _____
подчинение _____	влияние _____
отставание _____	возникновение _____
присутствие _____	представление _____

Задание 7. **Выберите подходящий по смыслу глагол.**

1. Отечественное право *является / представляет собой / заключается* оригинальное явление в мировой юриспруденции.

2. При всём разнообразии деталей можно *создать/понять/выделить* три наиболее характерные черты отечественного права.

3. Государственная власть в России *помогала/поддерживала/искала* с помощью юридических средств господствующую идеологию.

4. Смешанная природа российской правовой системы всегда *приводила/существовала/определяла* к её внутренней напряжённости.

5. Русское право *возникло/находилось/заключалось* на почве восточнославянских, а отчасти — финно-угорских и скандинавских (норманнских) юридических обычаев в конце 1-го тысячелетия нашей эры.

6. Отдельные элементы прежнего правового уклада ещё долго *заменялись/образовались/сохранялись* в общественной жизни.

Задание 8. **Слушайте, пишите слова и словосочетания.**

юриспруденция, возникновение, верования, предопределить, на протяжении, господствующий, разноплемённый, восприимчивый, изоляционизм, ознаменоваться, главенствующий

Задание 9. **Ответьте на вопросы. Запишите ваши ответы.**

1. В чём заключается своеобразие отечественного права?
2. Какие характерные черты отечественного права можно выделить?
3. Каким образом возникло русское право?
4. Чем объясняется медленная замена древних норм права на современные?
5. Что являлось основой правовой системы императорской России?

Задание 10. **Проследите за развитием мысли в высказывании. Обратите внимание на способ связи его частей.**

Возникновение Российского государства → огромная территория → множество народов → разная культура, верования, уровень культурного развития = длительное сосуществование несхожих правовых порядков.

С момента своего **возникновения Российское** государство всегда имело **огромную территорию**, на которой проживало **множество народов с разной культурой, верованиями**, психологией, уровнем исторического развития, что предопределило **длительное сосуществование несхожих правовых порядков**.

ОБРАТИТЕ ВНИМАНИЕ!

Для выделения частей текста используются следующие способы выражения:
— *во-первых, во-вторых, в-третьих*;
— *в первой части, во второй, в третьей (говорится, описывается, рассказывается)*;
— *сначала (в начале), затем (потом, далее, в дальнейшем), в конце (в завершении, в последней части, в заключении)*.

Словосочетание *в конце концов* не используется в научном стиле. Лучше употребить форму *наконец* в сочетании с союзом *и*: *и наконец*.

Задание 11. **Составьте расширенный вариант плана. На его основе подготовьте письменный реферат текста.**

А. Своеобразные черты Российского государства
  1) огромная территория
  2) _____
  3) _____
  4) _____

Б. Характерные черты отечественного права
  1) _____
  2) _____
  3) _____

В. История возникновения русского права
  1) _____
  2) _____
  3) _____
  4) _____

Текст 8

ЖИВОПИСЬ РУССКОГО СРЕДНЕВЕКОВЬЯ

Задание 1. **Прочитайте текст. Отметьте в тексте незнакомые грамматические явления, а также неизвестные слова и выражения. Проанализируйте отмеченные формы вместе с преподавателем.**

Живопись русского средневековья — фреска, мозаика, икона — неизменно вызывала и продолжает вызывать огромный интерес у любителей искусства и учёных во всём мире. Ежегодно миллионы людей приезжают в Новгород Великий или Киев, чтобы увидеть в древних соборах фрески средневековых живописцев.

Древнерусская монументальная живопись появилась во времена расцвета Киевской Руси — при князьях Владимире Святом (980–1015 гг.) и Ярославе Мудром (1019–1054 гг.). До Владимира Русь была языческой и поклонялась многим божествам. Этот князь крестил Киев и бо́льшую часть Руси, приняв христианство от Византии — сильнейшего и наиболее просвещённого в ту эпоху государства во всём христианском мире. Новая религия утвердила единого Бога на огромном пространстве от Ладоги до Чёрного моря, на многие века определила облик русской истории и культуры.

Дионисий.
Покров Богоматери.
Фреска собора Рождества
Богородицы. XV в.[1]

Византийские правители считали себя прямыми наследниками римских императоров, которые распоряжались когда-то судьбами десятков и сотен народов. Отсюда блеск царских церемоний и роскошь константинопольского двора. Византийская знать прекрасно знала античную литературу, была хорошо образованна, обладала утончённым вкусом.

В отличие от языческого Древнего Рима духовную и художественную жизнь Византии определяла Церковь — главный заказчик строительства и украшения храмов. К X–XI вв. в византийском искусстве сложилась такая система росписи храма, которая наиболее точно и полно воспроизводила сущность христианского учения в зрительных образах.

Древнерусская монументальная живопись складывалась на основе византийской традиции. Киев стал уче-

Дионисий и мастерская.
Воскресение — Сошествие
в ад. Икона Ферапонтова
Белозерского монастыря. 1502 г.

---

[1] Изображение чудесного явления Богоматери во Влахернской церкви Константинополя в середине X в. Во время всенощного бдения Богоматерь сняла с головы покрывало и распростёрла его над молившимися в храме людьми, защищая их от видимых и невидимых врагов.

37

ником Константинополя — столицы Византийской империи. Оттуда приезжали на Русь священники, а также архитекторы и живописцы. На протяжении нескольких столетий русские мастера перенимали тонкое искусство византийских архитекторов и художников. Они использовали два вида техники монументальной живописи: **мозаику** и **фрески**. Мозаика — это рисунок, сложенный из кусочков разноцветных натуральных камней, стекла, дерева и т. п. Она отличается наибольшей роскошью, хорошо сохраняется. Для украшения киевских церквей мозаикой была построена специальная мастерская, где изготавливали смальту (смальта — небольшие кусочки окрашенного стекла). Фреска — живопись красками, которые наносились на сырую штукатурку. Благодаря замечательным свойствам этой техники, а также мастерству живописцев некоторые фрески, созданные много веков назад, сохранились до наших дней.

По материалам статьи: Микитинская О. Монументальная живопись (мозаика и фреска).
Энциклопедия для детей. Т. 7: Искусство. М., 1997. С. 323–324.
Иллюстрации: www.dionisy.com/rus

Задание 2. Объясните значение следующих слов. Подберите к ним синонимы.

расцвет _____   утончённый _____
поклоняться _____   роспись _____
языческий _____   складываться _____
облик _____   перенимать _____
распоряжаться _____   наносить _____

Задание 3. Обратите внимание на образование слов. Приведите свои примеры.

заказ — заказчик — заказывать — заказной

Задание 4. Выберите подходящий по смыслу глагол.

1. Живопись русского средневековья *формирует/оказывает/вызывает* огромный интерес у любителей искусства и учёных во всём мире.

2. Древнерусская монументальная живопись *появилась / находилась / была основана* во времена расцвета Киевской Руси.

3. Византийские правители *думали/предполагали/считали* себя прямыми наследниками римских императоров, которые распоряжались когда-то судьбами десятков и сотен народов.

4. Древнерусская монументальная живопись *действовала/складывалась/характеризовалась* на основе византийской традиции.

5. Мозаика *отличается/определяется/описывается* наибольшей роскошью, хорошо сохраняется.

Задание 5. Продолжите ряд слов.

вызывать — интерес, _____
принять — религию, _____
определить — понятие, _____
обладать — вкусом, _____

считать себя — гением, _____
распоряжаться — деньгами, _____
воспроизводить — рисунок, _____
использовать — технику, _____
создать — теорию, _____

Задание 6. **Объясните значение следующих выражений, составьте предложения.**

ежегодно
во времена расцвета
при князьях Владимире Святом и Ярославе Мудром
до Владимира
на протяжении нескольких столетий
много веков назад

Задание 7. **Слушайте, пишите слова.**

средневековье, живописец, древнерусский, расцвет, просвещённый, пространство, константинопольский, архитектор, христианский

ОБРАТИТЕ ВНИМАНИЕ!

Для определения понятия используется конструкция **что — это что**. На первом месте, как правило, стоит определяемое слово (более узкое, видовое понятие), на втором — определяющее слово (более широкое, родовое понятие), например, *фреска — это живопись*. Изменение порядка следования элементов приводит к изменению соотношений в определении, так, *живопись — это фреска* неправильно, правильно: *живопись — это вид искусства*. В определениях часто используются глаголы типа *быть, являться*.

Задание 8. **Найдите в тексте определения понятий *фреска* и *мозаика*.**

Задание 9. **Ответьте на вопросы. Запишите ваши ответы.**

1. Для чего миллионы людей приезжают в Киев и Новгород?
2. Какую роль в истории Руси сыграли князья Владимир Святой и Ярослав Мудрый?
3. Какая система росписи храма сложилась в византийском искусстве X—XI вв.?
4. Почему русские живописцы заимствовали византийскую традицию?
5. В чём заключается суть техники мозаики?
6. Почему древнерусские фрески хорошо сохранились?

Задание 10. **Напишите краткое содержание текста.**

Текст 9

ПОЛИТОЛОГИЯ КАК НАУКА

Задание 1. **Прочитайте текст. Отметьте в тексте незнакомые грамматические явления, а также неизвестные слова и выражения. Проанализируйте отмеченные формы вместе с преподавателем.**

Политическая наука занимает видное место в ряду других общественных наук. Её высокая значимость определяется важной ролью политики в жизни общества.

Элементы политических знаний зародились ещё в Древнем мире. Своеобразным было понимание политических процессов в Древнем Египте, Индии, Китае. Дошедшие до нас «Законы Хаммурапи» (середина XVIII века до н. э.) свидетельствуют о том, что политическая жизнь уже в тот период была относительно развитой: имелось соответствующее административное деление общества, государственность, законодательство.

Наиболее глубокое в Древнем мире теоретическое понимание политики принадлежит греческим философам и политологам. Само слово «политика» древнегреческого происхождения («полис» — город, государство). Греческий учёный *Платон* (IV в. до н. э.) в своём труде «Государство» предпринял попытку сконструировать идеальное общественное устройство. Он считал, что если закон не будет иметь силы и будет находиться под чьей-то властью, то государство погибнет. Его ученик *Аристотель* предпринял попытку разработки следующих политических категорий: государства, власти, частной собственности. Развивая идеи Аристотеля, историк и политический деятель *Полибий* (около 200–120 до н. э.) выдвинул идею разделения властей — власти царя, власти народа и власти старейшин.

Деятель эпохи Возрождения *Николо Макиавелли* (1469–1527) освободил политическую науку от религиозно-этической формы, уподобил политические процессы природным факторам, поставил в центр политических исследований проблему государственной власти и подчинил политическую мысль решению реальных практических задач.

В XVII веке в политику была привнесена идея «естественных прав»: свобода в убеждениях и действиях, обладание собственностью, равенство, гарантии от произвола. Концепция «общественного договора» провозглашала первоэлементом всего социального мироздания автономно существующего индивида. Совокупность индивидов, вошедшая в процессе эволюции в гражданское состояние, ради избежания неудобств и опасностей существования заключила внутри себя договор и таким путём создала государство.

Выразителями концепции «естественного права» и «общественного договора» были представители нескольких европейских стран: *Б. Спиноза, Т. Гоббс, Дж. Локк, Г. Лейбниц, Ф. Прокопович, Д. Дидро* и др. В XIX в. крупный вклад в развитие политической теории внесли представители либеральной политической теории *А. Токвиль* и *Дж. Милль*.

Современный облик политология приобрела во второй половине XIX в. в связи с прогрессом социологических знаний. Научному исследованию присущи аргументированность, системность и доказательность. Политическая наука складывалась как относительно самостоятельная область обществознания, призванная всесторонне исследовать политику, политическую жизнь, политическую сферу общества и мирового сообщества на теоретическом и на эмпирическом (прикладном) уровне. В начале XX века процесс выделения политологии в самостоятельную академическую дисциплину в основном завершился. Политология — это наука о политике, о конкретно-исторических политических системах, об их структуре и механизме их функционирования и развития.

Белогурова Т.А. Политология: Курс лекций. М., 2004. С. 3—4.

Задание 2. **Объясните значение следующих слов. Подберите к ним синонимы.**

зародиться _____   произвол _____
свидетельствовать _____   провозгласить _____
происхождение _____   мироздание _____
предпринять _____   вклад _____
разработка _____   выделение _____
уподобить _____   совокупность _____

Задание 3. **Обратите внимание на образование слов. Приведите свои примеры.**

вид — видный — разновидность — видеть;
род — родители — родной — родина — зародиться

Задание 4. **Образуйте существительные от следующих глаголов.**

1. разрабатывать — разработка
   пытаться _____
   поддерживать _____
   убирать _____

2. вкладывать — вклад
   расти _____
   защищать _____
   помогать _____
   выбирать _____

3. понимать — понимание
   зародиться _____
   происходить _____
   разделять _____

4. конструировать — конструкция
   реализовать _____
   идеализировать _____

ОБРАТИТЕ ВНИМАНИЕ!

Как вы уже знаете, в языке науки большое место занимают стандартные конструкции. Как правило, они включают три компонента, например: **что определяется чем** — *Значимость определяется ролью*. Замена одного из компонентов не влияет на структуру конструкции.

Задание 5. **Найдите в тексте стандартные конструкции научного стиля, определите падеж существительных.**

Задание 6. **Продолжите ряд слов.**

занимать — место, _____
принадлежать — политикам, _____

предпринять — попытку, _____
разработать — теорию, _____
выдвинуть — идею, _____
провозгласить — свободу, _____
приобрести — вид, _____

Задание 7. **Закончите предложения.**

1. Политическая наука занимает _____
2. Дошедшие до нас источники свидетельствуют о том, что _____
3. Учёные предприняли попытку _____
4. Концепция «общественного договора» провозглашала _____
5. Представители либеральной политической теории А. Токвиль и Дж. Милль внесли крупный вклад _____
6. Политическая наука складывалась как _____
7. Политология — это наука о _____

Текст 10

МЕЖДУНАРОДНОЕ РАЗДЕЛЕНИЕ ТРУДА

Задание 1. **Прочитайте текст. Отметьте в тексте незнакомые грамматические явления, а также неизвестные слова и выражения. Проанализируйте отмеченные формы вместе с преподавателем.**

Мировое хозяйство — исторически сложившаяся совокупность национальных хозяйств стран мира, связанных между собой экономическими и политическими отношениями.

По сути, формирование системы мирового хозяйства началось много веков назад. Образование великих империй древности тоже можно рассматривать как тенденцию к мировой интеграции. Следующий скачок в этом направлении был сделан в эпоху великих географических открытий. Установление регулярных торгово-финансовых и производственных связей между различными странами, регионами и континентами означало конец многовековой раздробленности и обособленности, тормозившей мировой социально-экономический прогресс.

В тот период Европа выступала как центр формирования мирового хозяйства, и ещё многие столетия она удерживала в этом качестве первенство: на мануфактурной стадии развития капитализма (XVI–XVIII вв.) и на рубеже XIX–XX вв. — на стадии развития крупной машинной индустрии.

Новый этап в развитии мирового хозяйства наступил в середине XX в., после Второй мировой войны, когда многие страны, бывшие ранее колониальными и зависимыми территориями, получили политическую независимость, стали развивать экономику и включаться в мировое хозяйство. К тому же существенное значение имело наличие в тот период двух систем хозяйствования — капиталистической и социалистической.

В настоящее время мы наблюдаем ещё один этап усиления интеграции в мировом хозяйстве, в т. ч. в связи с перестроечными процессами в странах с «переходной экономикой» (в бывших социалистических странах).

Специфика современного процесса заключается в высокой степени экономического взаимодействия между странами, входящими в систему мирового хозяйства. Большая роль в процессе интеграции принадлежит транснациональным корпорациям, происходит создание крупных рыночных зон, объединяющих территории нескольких государств (например, ЕС, АСЕАН). На современном этапе развития мирового хозяйства решающую роль в формировании географии многих отраслей промышленности играют *транснациональные корпорации* (ТНК), базирующиеся в экономически развитых государствах, но распространяющие свою производственную и сбытовую деятельность на многие страны мира (через свои филиалы). <...> Деятельность крупнейших промышленных фирм по некоторым экономическим показателям (числу занятых в производстве, объёмам продаж и т. д.) сопоставима с национальными хозяйствами отдельных и далеко не слаборазвитых государств мира.

Родионова И.А., Бунакова Т.М. Экономическая география.
М., 2001. С. 138–139.

Задание 2. **Объясните значение следующих слов и словосочетаний. Подберите к ним синонимы.**

по сути _____ включаться _____
скачок _____ базироваться _____
раздробленность _____ показатель _____
обособленность _____ сопоставимый _____
удерживать _____ первенство _____

Задание 3. **Обратите внимание на образование слов. Приведите свои примеры.**

суть — существо — существенный — существовать;
база — базовый — базироваться

Задание 4. **Образуйте глаголы от следующих существительных.**

формирование _____ развитие _____
образование _____ взаимодействие _____
установление _____ усиление _____

Задание 5. **Образуйте существительные с суффиксом -*ость* от следующих прилагательных.**

совокупный _____ деятельный _____
раздробленный _____ промышленный _____
обособленный _____ независимый _____

Задание 6. **Закончите предложения.**

1. Много веков назад _____ .
2. В эпоху великих географических открытий _____ .
3. В середине XX века _____ .
4. После Второй мировой войны _____ .
5. В настоящее время _____ .
6. На современном этапе _____ .

Задание 7. **Выберите подходящий по смыслу глагол.**

1. Образование великих империй древности тоже можно *анализировать/описывать/рассматривать* как тенденцию к мировой интеграции.

2. В тот период Европа *существовала/выступала/находилась* как центр формирования мирового хозяйства.

3. Новый этап в развитии мирового хозяйства *наступил/образовался/пришёл* в середине XX века, после Второй мировой войны.

4. Специфика современного процесса *формируется/считается/заключается* в высокой степени экономического взаимодействия между странами, входящими в систему мирового хозяйства.

5. Большая роль в процессе интеграции *играет/принадлежит/имеет* транснациональным корпорациям.

6. В настоящее время мы *наблюдаем/рассматриваем/смотрим* ещё один этап усиления интеграции в мировом хозяйстве.

Задание 8. **Найдите в тексте формы активных причастий. Замените их глаголами.**

Задание 9. **Определите, к какому типу относится этот текст: *описание, повествование, рассуждение, доказательство*. Объясните, почему вы так думаете.**

Задание 10. **Слушайте, пишите предложения.**

1. В этом тексте говорится о формировании системы мирового хозяйства.
2. В первой части текста речь идёт о начале формирования этой системы.
3. Здесь называются такие этапы, как создание великих империй древности, эпоха великих географических открытий и установление регулярных связей между различными странами, регионами и континентами.
3. В статье отмечается, что Европа выступала как центр формирования системы мирового хозяйства с XIV по XX век.
4. Далее автор говорит о новом этапе в развитии мирового хозяйства, который наступил после Второй мировой войны.
5. Особенностями этого этапа с точки зрения автора являются освобождение колоний и наличие двух систем хозяйствования — капиталистической и социалистической.
6. В настоящее время, по утверждению автора, мы наблюдаем ещё один этап усиления интеграции в мировом хозяйстве.
7. В заключение описывается специфика современного этапа развития системы мирового хозяйства, подчёркивается большая роль транснациональных корпораций.

Задание 11. **Слушайте начало предложения, закончите его.**

В этом тексте говорится о _____
Речь идёт о _____
В статье отмечается, что _____
Далее автор говорит о _____
С точки зрения автора _____
По утверждению автора _____
В заключение _____

Задание 12. **Составьте реферат данной статьи самостоятельно.**

Итоговый тест

Задание 1. **Трансформируйте активные конструкции в пассивные.**

1. Это открытие совершила группа учёных.

2. Опыты проводили российские исследователи.

3. Учебник написали для студентов из Китая.

4. Сообщение подготовили по материалам работы.

5. Доклад сделал мой коллега.

Задание 2. **Выберите подходящий по смыслу глагол.**

1. Сопоставление и синтез различных точек зрения *формируют/предполагают/дают* основание подойти к пониманию природы явления.

2. Событие *отличается/соединяется/отмечается* значительной информативностью, набором определённых сведений (фактов).

3. Ответ нужно *предполагать/найти/искать* в объективной политической и экономической ситуации России начала XVIII века.

4. На Олимпийских играх спортсмены *воюют/стремятся/борются* за победу.

5. Конечно, научное знание *не ограничивается / не состоит / не указывает* описанием тех или иных явлений.

6. Научное знание заключается в том, чтобы *понять/найти/проникнуть* в самую природу тех или иных явлений и процессов.

Задание 3. **Замените выделенные выражения синонимичными.**

1. Отец моей подруги **работает в университете**.

2. В России считают, что **радио изобрёл** русский учёный Попов.

3. **После долгой беседы** родители согласились дать мне денег.

4. Мне кажется, что я правильно **выбрала профессию**.

5. Я **обещала** своему другу никогда больше не читать его СМС.

6. Мы долго думали над этой проблемой, но так и не смогли **найти решение**.

7. По сути, **формирование системы мирового хозяйства** началось много веков назад.

Задание 4. **Вставьте подходящие по смыслу слова.**

Что не нравится иностранцам в России?

Эксперты компании «Служба континентов», занимающейся _____ (**изучением**/поддержкой) русскоговорящих туристов за рубежом, а иностранных — в странах СНГ, по просьбе информационной группы «Турпром» _____ (объяснили/подготовили) краткий обзор трудностей, с которыми _____ (**видятся**/сталкиваются) иностранные туристы, посещающие Россию. Как выяснилось, проблемы с _____ (качеством услуг / персоналом), находящихся в ведении принимающих компаний (трансфер, размещение, экскурсии и т. д.), занимают не более 15–20 % в общей массе _____ (запросов/проблем). Около половины обращений _____ (бывает/связаны) с трудностями в общении или невозможностью сориентироваться на местности. 10–15 % _____ (сложностей/запросов) иностранцев относятся к предоставлению справочной информации.

Основные проблемы туристов связаны с _____ (незнанием/отсутствием) большинством россиян на приемлемом уровне даже английского языка и отсутствием привычного для иностранных граждан _____ (уровня/услуг) сервиса, информации и коммуникаций.

Ситуации, которые возникают у _____ (пешеходов/путешественников) в любой стране: потери чего-либо, кражи, попытки обмана, дорожно-транспортные _____ (скандалы/происшествия), отмены и задержки рейсов, накладки с размещением в _____ (гостинице/аэропорту), в России усугубляются прохладным отношением сервисных служб к своим клиентам и неоперативным реагированием государственных структур, призванных помогать гражданам в тех или иных ситуациях.

Правда.ру. 2007. 23 янв.

Задание 5. **Трансформируйте данный ниже пример в письменный текст.**

Этот спор в России идёт сотни лет, сотни лет. Ещё поэты наши — Блок и другие там — спорили, мы скифы или не скифы. Вот, значит, писал Блок, что скифы мы с жёлтыми глазами. Вот, значит... и вот нам надо определиться. Некоторые говорят: мы — чистая Европа, мы — чистая Европа, у нас 150 миллионов населения сейчас в России, из них 120 живёт в Европе за Уралом, вот. Мы белые по цвету, у нас Достоевский там, у нас Чехов, Пушкин, все белые, но Пушкин — нет. «Как-как? — эфиопы. — Он же из Эфиопии. Как, — они спрашивают, — а у вас тоже русские Пушкина знают?» Ну, вот, значит, дальше торговля. 50 % — это у нас торговля с Европой. Вот, значит, ну и так далее.

Ключи

Входной тест

отличается, строится, исходя, производится, проверяется, делятся, различаются, исходя, представлены, рассматривает, принят, выделенную, подвергшаяся, согласованы, принятым, отвергнуты

Текст 1

Задание 2.

обнародовать — довести до всеобщего сведения, сделать известным; **опрос** — метод сбора информации, когда выясняют мнения разных людей; **оценивать** — давать оценку; **власть закона** — сила правовых актов; **общественные институты** — государственные структуры (суд, образование, медицина); **отставать** — остаться позади, оказаться ниже, хуже других; **двинуться** — переместиться; **достичь** — дойти, добраться до чего-либо; **оказаться** — очутиться в каком-либо состоянии, положении; **отличаться** — быть другим, не похожим на других; **страдать** — переживать, чувствовать дискомфорт; **демонстрировать** — показывать наглядно, публично; **усмотреть** — найти, увидеть; **достоинства** — плюсы, положительные качества

Задание 4.

1. оценивало 2. влияют 3. указал 4. стала 5. двинулась 6. продемонстрировала 7. решили

Задание 5.

1. Вчера в Женеве был обнародован доклад «О глобальной конкурентоспособности 2004—2005». Доклад подготовила организация под названием «Всемирный экономический форум».
2. Участники опроса оценивали страны по большому количеству показателей. Эти показатели влияют на конкурентоспособность.
3. Среди европейских стран обращает на себя внимание прогресс Великобритании. Она двинулась вверх по сравнению с прошлым годом на четыре места.

Текст 2

Задание 2.

эволюция — постепенные изменения; **концепция** — теория, положение; **мутации** — наследственные изменения, трансформации; **генофонд** — набор качеств, свойств; **потомство** — наследники, потомки; **этногенез** — формирование народа, расы; **биосфера** — всё живое на Земле

Задание 4.

1. написана, показан, создана, основан, рассказан 2. изучен, получен, проверено, решена, куплена, приготовлен 3. открыт, закрыта, забыто, принят, надета, убиты

Задание 5.

1. считалось 2. возникает 3. согласовывается 4. связан 5. требуется 6. открыта

Задание 6.

1. Книгу написал известный учёный. 2. Фотографию сделал ученик. 3. Опыт провёл исследователь. 4. Открытие сделал молодой учёный. 5. Решение проверил профессор. 6. Закон принял парламент. 7. Университет основал Ломоносов. 8. Доклад подготовил преподаватель. 9. Конференцию организовал университет. 9. Статью опубликовал аспирант.

Задание 7.

1. Это открытие совершено неизвестным учёным. 2. Опыты проведены молодыми экспериментаторами. 3. Планета названа именем известного писателя. 4. Учебник написан для студентов из Германии. 5. Доклад подготовлен по материалам исследований. 6. Выставка организована студентами университета. 7. Закон принят депутатами парламента. 8. Новый фильм показан на фестивале.

Текст 3

Задание 2.

трактовка — объяснение, толкование; **феномен** — редкий факт, необычное явление; **общественное мнение** — отношение общества к событиям и явлениям; **дефиниция** — определение понятия, содержащее его основные признаки; **взаимодействие** — воздействие различных предметов, явлений друг на друга; **сущностный** — содержательный; **охватывать** — включить в себя, полностью окружить; **ценности** — явления культуры, морали, нравственности; **духовный** — относящийся к внутреннему состоянию; **задеть за живое** — глубоко взволновать, заставить переживать

Задание 5.

1. дают основание 2. отличается 3. отражаются 4. выступают 5. вызвать реакцию 6. классифицированы

Задание 9.

В А Г Д Б

Текст 4

Задание 2.

заложить — основать; **необитаемый** — такой, где никто не живёт; **бесчисленный** — в большом количестве, многочисленный; **крупный** — очень большой; **корениться** — иметь что-либо причиной, происходить от чего-либо; **унаследовать** — получить в наследство; **отсталый** — стоящий на низком уровне развития; **привычки** — поведение, образ действий, ставшие обычными, постоянными; **милостивый** — добрый; **беспощадный** — жёсткий, суровый; **мрачный** — невесёлый, безнадёжный; **непогрешимый** — абсолютно правый; **бесправный** — не имеющий прав, беззащитный

Задание 6.

1. доказывали 2. искать 3. нуждалась 4. борются 5. ожидали

Задание 7.

делая, читая, слушая, рассказывая, доказывая, основываясь, проводя, получая, решая, исследуя, рассматривая, анализируя, принимая, публикуя, защищая, заходя

Задание 8.

позвонить, рассмотреть, доказать, укорениться, получить, проанализировать, полюбить, убедиться, прийти, оценить, повлиять, пострадать, вернуться, насмотреться

Задание 13.

идти ва-банк — рисковать, играть на все деньги; **несметные богатства** — огромные ценности; **удачливый игрок** — игрок, которому везёт; **сонный город** — тихий, спокойный город, где ничего не происходит; **обрасти толкованиями** — получить разные объяснения; **игрушечная модель** — небольшая копия чего-либо; **парить как орёл** — летать высоко

Задание 18.

Субъект — идея построить город, **предикат** — была решением игрока.
Идея, *(какая?)* обросшая задним числом множеством толкований и обоснований.

49

Идея построить город *(когда? как? где?)* именно тогда, так и там, где он был построен.

Идея была решением *(кого?)* несметно богатого, отчаянного — и до тех пор удачливого! — карточного игрока.

Идея была решением *(каким?)* пойти ва-банк, на удивление России и цивилизованному миру.

Текст 5

Задание 2.

учитывать — принимать во внимание, иметь в виду; **биполярный** — имеющий два центра, два полюса, состоящий из двух противоположных частей; **превращение** — резкое или неожиданное изменение, трансформация; **нарастать** — увеличиваться в размере, по количеству; **перевернуть** — опрокинуть; **рассыпаться** — развалиться на части

Задание 4.

превращать, перемещать, уменьшать, открыть, влиять, отставать

Задание 6.

старость, точность, бедность, привлекательность, убедительность, смелость, правдивость, ценность, независимость, громкость, ясность, содержательность, молодость, юность, мудрость

Задание 8.

А Б В Е

Задание 11.

Россия — это Европа	Россия — это Азия
120 миллионов жителей России живёт в Европе, за Уралом.	2/3 территории России находится в Азии.
Светлый цвет кожи.	В России живёт более 20 миллионов мусульман.
Европейские писатели.	Бо́льшая часть природных ресурсов находится в азиатской части.
50 % торговли приходится на Европу.	Длина границ России в Азии составляет 6000 км.

Задание 12.

1. У нас 150 миллионов населения сейчас в России, из них 120 миллионов живёт за Уралом. 2. У нас бо́льшая часть территории и богатств наших находится не в Европе, а в Азии. 3. 25 % мировых богатств природных ресурсов — это Сибирь и Дальний Восток. 4. Когда был Ельцин и министр иностранных дел Козырев, они вот взяли одну однозначную ориентацию на союз с Соединёнными Штатами Америки. 5. Северо-атлантический пакт НАТО вопреки нашим просьбам расширяется на восток.

Текст 6

Задание 2.

ограничиваться — быть поставленным в какие-либо границы, рамки; **созерцать** — пассивно наблюдать, рассматривать; **проникать** — понять значение чего-либо, разобраться в чём-либо; **затруднения** — сложности, проблемы; **возникать** — появляться; **малоуловимый** — который трудно увидеть и описать; **представление** — идея, мысль; **положение** — тезис, утверждение; **исходить** — принимать за основу; **отражение** — здесь: образ, копия; **бесспорно** — абсолютно, однозначно

Задание 4.

1. представляете себе 2. не ограничивается 3. проникнуть 4. встречается 5. исходит

Текст 7

Задание 2.

своеобразие — необычность, оригинальность; **верования** — народные религиозные традиции; **сосуществование** — совместное пребывание, нахождение; **терпимость** — уважение чужих обычаев и традиций; **внедрять** — вводить, начинать использовать в практической деятельности; **закрепить** — делать прочным, обычным; **смешение** — соединение, объединение разнородных элементов; **иноземный** — иностранный; **разнородный** — неодинаковый, несхожий; **обладать** — иметь; **уклад** — сложившийся образ жизни; **ослабеть** — стать слабым; **новшество** — что-либо вновь созданное, применённое; **правотворчество** — создание новых форм права, новых правовых документов

Задание 3.

неразвитость, необходимость, ценность, терпимость, соборность, напряжённость, опасность, однородность

Задание 5.

многообразный — имеющий множество вариантов; **разнообразный** — имеющий разные, непохожие друг на друга варианты; **однообразный** — одинаковый, похожий; **своеобразный** — оригинальный, необычный

Задание 6.

отрицать, возникать, не уважать, подчинять, отставать, присутствовать, преобладать, смешивать, сливать, влиять, возникать, представлять

Задание 7.

1. представляет собой 2. выделить 3. поддерживала 4. приводила 5. возникло 6. сохранялись

Задание 11.

А. Своеобразие Российского государства
    1) огромная территория
    2) множество народов
    3) различные верования, психология
    4) неравномерный уровень исторического развития
Б. Характерные черты отечественного права
    1) неразвитость юридических традиций, правовой нигилизм
    2) подчинение права идеологии
    3) смешанный характер отечественного права
В. История возникновения русского права
    1) древнее право (1-ое тысячелетие н. э.)
    2) средневековое право (XI—XII века)
    3) право Московского государства (XII— XVII века)
    4) право императорской России (XVIII век — 1917 год)

Текст 8

Задание 2.

расцвет — пик, время наибольшего развития чего-либо; **поклоняться** — почитать что-то или кого-то как божество; **языческий** — дохристианский; **облик** — вид, образ; **распоряжаться** — командовать, управлять; **утончённый** — изысканный, тонкий; **роспись** — декоративная живопись; **складываться** — формироваться, создаваться; **перенимать** — брать у кого-либо технику, умения; **наносить** — класть сверху (краску, рисунок)

Задание 4.

1. вызывает 2. появилась 3. считали 4. складывалась 5. отличается

Задание 6.

ежегодно — каждый год; **во времена расцвета** — во время наибольшего развития, подъёма; **при князьях Владимире Святом и Ярославе Мудром** — когда они были у власти; **до Владимира** — раньше, чем жил Владимир; **на протяжении нескольких столетий** — в течение нескольких столетий; **много веков назад** — в далёком прошлом

Текст 9

Задание 2.

зародиться — появиться, возникнуть; **свидетельствовать** — доказывать, подтверждать; **происхождение** — появление; **предпринять** — сделать; **разработка** — серьёзная, тщательная подготовка; **уподобить** — сравнить; **произвол** — отсутствие закона; **провозгласить** — объявить; **мироздание** — окружающий мир; **вклад** — достижение; **выделение** — отделение от общего, целого; **совокупность** — сумма

Задание 4.

1. пытаться — попытка, поддерживать — поддержка, убирать — уборка
2. расти — рост, защищать — защита, помогать — помощь, выбирать — выбор
3. зародиться — зарождение, происходить — происхождение, разделять — разделение
4. реализовать — реализация, идеализировать — идеализация

Текст 10

Задание 2.

по сути — на самом деле, реально; **скачок** — резкое, быстрое изменение положения; **раздробленность** — существование многих отдельных частей целого; **обособленность** — отделённость, независимость; **удерживать первенство** — быть первым; **включаться** — входить как часть, быть частью чего-либо; **базироваться** — иметь базу, основу, находиться; **показатель** — критерий, параметр; **сопоставимый** — такой, который можно сравнить с чем-либо

Задание 4.

формировать, образовать, установить, развить, взаимодействовать, усилить

Задание 5.

совокупность, раздробленность, обособленность, деятельность, промышленность, независимость

Задание 7.

1. рассматривать 2. выступала 3. наступил 4. заключается 5. принадлежит 6. наблюдаем

Задание 8.

Мировое хозяйство — исторически **сложившаяся** совокупность национальных хозяйств стран мира = совокупность национальных хозяйств мира, **которая сложилась** исторически.

Конец многовековой раздробленности и обособленности, тормозившей мировой социально-экономический прогресс = **которая тормозила** мировой социально-экономический прогресс.

Происходит создание крупных рыночных зон, **объединяющих** территории нескольких государств = **которые объединяют** территории нескольких государств.

Транснациональные корпорации (ТНК), **базирующиеся** в экономически развитых государствах, но **распространяющие** свою производственную и сбытовую деятельность на многие страны мира = **ко-**

торые базируются в экономически развитых государствах, но **распространяют** свою производственную и сбытовую деятельность на многие страны мира.

Итоговый тест

Задание 1.

1. Это открытие совершено группой учёных. 2. Опыты проведены российскими исследователями. 3. Учебник написан для студентов из Китая. 4. Сообщение подготовлено по материалам работы. 5. Доклад сделан моим коллегой.

Задание 2.

1. дают основание 2. отличается 3. искать 4. борются 5. не ограничивается 6. проникнуть

Задание 3.

1. Отец моей подруги — сотрудник университета. 2. В России считают, что изобретателем радио был русский учёный Попов. 3. Я долго уговаривал родителей, и они согласились дать мне денег. 4. Мне кажется, что я сделала правильный выбор профессии. 5. Я дала обещание моему другу никогда больше не читать его СМС. 6. Мы долго думали над этой проблемой, но так и не смогли ничего решить. 7. По сути, система мирового хозяйства начала формироваться много веков назад.

Задание 4.

поддержкой, представили, сталкиваются, качеством услуг, проблем, связаны, запросов, незнанием, уровня, путешественников, происшествия, гостинице

Задание 5.

Этот спор — Европа мы или Азия — идёт в России сотни лет. Блок и другие поэты писали, что мы скифы с жёлтыми глазами. Поэтому нам надо определиться — кто мы? Одни говорят, что мы европейцы — у нас 120 миллионов человек живёт в Европе, у нас светлая кожа, у нас такие известные писатели, как Достоевский, Чехов, Пушкин и др. 50 % торговли приходится на Европу и так далее.

Список источников

Входной тест. *Рождественский Ю.В.* Введение в культуроведение. 2-е изд., испр. М., 2000. С. 107—110.

Текст 1. *Минаев С.* Москва между Ганой и Алжиром. Коммерсант. 2004. 14 окт. № 192. С. 14.

Текст 2. *Гумилев Л.Н.* От Руси до России. М., 2001. С. 13—14.

Текст 3. *Горшков М.К.* Российское общество в условиях трансформации: мифы и реальность (социологический анализ). 1992—2002. М., 2003. С. 19—20.

Текст 4. *Волков С.* История культуры Санкт-Петербурга с основания до наших дней. М., 2001. С. 32—34.

Текст 5. Лекция доктора исторических наук, профессора, 1-го проректора Дипломатической академии МИД РФ Ю.Б. Кашлева в Университете китайской культуры, Тайвань, 18.11.2002 г.

Текст 6. *Леонтьев А.Н.* Лекции по общей психологии. М., 2000. http:\\rupsy.net/14-leontev-an-lekcii-po-obshhej-psixologii.html

Текст 7. История государства и права России. М., 1996.

Текст 8. *Микитинская О.* Монументальная живопись (мозаика и фреска) // Энциклопедия для детей. Т. 7: Искусство. М., 1997. С. 323—324.

Текст 9. *Белогурова Т.А.* Политология: Курс лекций. М., 2004. С. 3—4.

Текст 10. *Родионова И.А., Бунакова Т.М.* Экономическая география. М., 2001. С. 138—139.

Итоговый тест. Что не нравится иностранцам в России // Правда.ru. 2007. 23 янв.

Содержание

Введение 3
Входной тест 4
Текст 1. Москва между Ганой и Алжиром 5
Текст 2. От Руси до России 9
Текст 3. Сущность и структура общественного мнения 13
Текст 4. Пётр I и петербургская культура 17
Текст 5. Происходящие в мире главные процессы 24
Текст 6. Психические явления и жизненные процессы 29
Текст 7. Развитие права в России 33
Текст 8. Живопись русского средневековья 37
Текст 9. Политология как наука 40
Текст 10. Международное разделение труда 43
Итоговый тест 46
Ключи 48
Список источников 54

RUSSIAN COURSES
IN SAINT-PETERSBURG

ZLATOUST

Individual / group course from 240 EUR a week (15 hours per week)

Flexible discounts

Your unique chance to take your Russian lessons at the very first hand — LEARN FROM OUR AUTHORS!

- ✓ Qualified experienced teachers
- ✓ Small groups or individual tuition
- ✓ 6 levels — from beginners to proficiency
- ✓ Wide range of educational programs and types of courses
- ✓ Exam preparation courses (basic — proficiency)
- ✓ Teachers training in Russian as a foreign language
- ✓ All our books available in our library
- ✓ Varied cultural program
- ✓ Hotel or host family accommodation
- ✓ Visa support (invitation and registration)
- ✓ Transfer

Zlatoust Ltd.
Kamennoostrovsky, 24, St. Petersburg, 197101, Russia
tel. +7 812/703-11-76, fax +7 812/703-11-79
e-mail: school@zlat.spb.ru
website: www.zlat-edu.ru